JN065158

［新版］

# フランス語の
# 綴りの読みかた

・

## 正しい発音の出発点

稲田 晴年

 SURUGADAI-SHUPPANSHA

## ○ 音声について （収録時間：約 30 分）○

本書内、音声マーク  が付いているページは音声が収録されています．

　下記 URL を入力するか，QR コードより「音声無料ダウンロード & ストリーミング専用サイト」をご利用ください．弊社 HP から『[新版] フランス語の綴りの読みかた』を検索し，「音声無料ダウンロード & ストリーミング専用サイトはこちら」からも同ページにアクセスできます．

https://stream.e-surugadai.com/books/isbn978-4-411-00568-7/

有料で，別途 CD にしたものもご用意しています．
お近くの書店でご注文ください．

[新版] フランス語の綴りの読みかた（別売 CD）
定価（800 円＋税）
978-4-411-10568-4

※音声無料ダウンロード・ストリーミングサービスは予告なく中止する場合があります．ご了承ください．

---

### ○ 本書について ○

＊本書は第三書房から刊行されていた『フランス語の綴りの読みかた』を元に、一部情報を追加・修正したものになります。

# ま　え　が　き

　この本で扱うのは単語の「読みかた」であって，「発音」ではありません．初心者が「フランス語の発音は難しい」という場合，「発音」ではなく「読みかた」を指していることが多いようです．それぞれの文字または文字グループがどのような音に対応するのかわからない，というわけです．しかしフランス語では，綴りと発音の関係に一定の規則性があるので（ただし，固有名詞や動詞の活用語尾には例外があります），その規則さえマスターすれば，単語の「読みかた」はわかります．本来の「発音（フランス人のような音を出すこと）」が問題になるのは，その後です．

　たとえば，pour という単語は「プール」と読み，「ポウア」でも「ポウル」でもありません．発音記号では [pur] と表記されます．もちろん「プ」と [pu] は違うし，「ル」と [r] も違います．しかし「プール」から出発して発音を練習すれば [pur] になりますが，「ポウア」や「ポウル」ではどんなに練習しても間違った音にしかなりません．この本で扱うのは，そのような意味での「単語の読みかた」です．そのため，「読みかた」の表記にはカタカナを用いました．発音にも触れますが，目的はあくまでも，正しい発音の出発点となる「読みかた」をマスターすることです．規則をひとつずつ覚え，綴りを見ただけで単語が読めるようになるまで，繰り返し練習してください．

　単語の読みかたを説明することがこの本の目的ですから，例にあげた単語の意味を，その度ごとに記すことはしませんでした．意味はまとめて巻末に，アルファベット順の単語集の形でのせてあります．それぞれ

の単語が出てきたページも記して，単語の読みかたを調べられるように
しました．

　また巻末には，アルファベットの文字別索引と，読みかたの規則に関
する事項索引をつけました．

　この本では発音記号も併記しましたので，フランス語で使う発音記号
を表にしておきます．

| 口腔母音 | | 鼻母音 | | 半母音 | | 子音 | | | |
|---|---|---|---|---|---|---|---|---|---|
| a | 前舌のア | ã | アン | j | ィユ | b | | s | |
| ɑ | 後舌のア | ɛ̃ | アン | ɥ | ュ | d | | ʃ | シュ |
| e | 狭いエ | œ̃ | アン | w | ォワ | f | | t | |
| ɛ | 広いエ | ɔ̃ | オン | | | g | | v | |
| i | イ | | | | | ʒ | ジュ | z | |
| o | 狭いオ | | | | | k | | | |
| ɔ | 広いオ | | | | | l | | | |
| y | ユ | | | | | m | | | |
| u | ウ | | | | | n | | | |
| œ | ウ | | | | | ɲ | ニュ | | |
| ø | ウ | | | | | p | | | |
| ə | ウ | | | | | r | | | |

# 目　　次

［新版］

# フランス語の綴りの読みかた

・

## 正しい発音の出発点

　フランス語で使う文字は英語と同じですが，それぞれの文字の名前は違っています．フランス式の名前を覚えるようにしましょう．

| | | | | | |
|---|---|---|---|---|---|
| **a** | ア [ɑ] | | **n** | エヌ [ɛn] | |
| **b** | ベ [be] | | **o** | オ [o] | |
| **c** | セ [se] | | **p** | ペ [pe] | |
| **d** | デ [de] | | **q** | キュ [ky] | |
| **e** | ウ [ə] | | **r** | エール [ɛːr] | |
| **f** | エフ [ɛf] | | **s** | エス [ɛs] | |
| **g** | ジェ [ʒe] | | **t** | テ [te] | |
| **h** | アッシュ [aʃ] | | **u** | ユ [y] | |
| **i** | イ [i] | | **v** | ヴェ [ve] | |
| **j** | ジ [ʒi] | | **w** | ドゥブルヴェ [dubləve] | |
| **k** | カ [kɑ] | | **x** | イクス [iks] | |
| **l** | エル [ɛl] | | **y** | イグレック [igrɛk] | |
| **m** | エム [ɛm] | | **z** | ゼッド [zɛd] | |

　このほか，œ という「合字」があります．「o の後に e が続くときは間をあけずに書く」という習慣から生まれたもので，独立したひとつの文字ではありません．2 文字として扱います．

前のページの 26 文字のうち，いくつかの文字には特殊な記号がつくことがあります．これを「綴り字記号」といいます．

## 1. アクサン accents

　　フランス語でいうアクサンとは，英語のアクセントのような発音記号ではなく，綴りの一部ですから，しっかり覚えてください．次の 3 種類があります．

　　　′　アクサン・テギュ accent aigu ................................... é
　　　`　アクサン・グラーヴ accent grave ............................ à, è, ù
　　　^　アクサン・スィルコンフレクス accent circonflexe .... â, ê, î, ô, û
　　　　（i に ^ をつけるときは，点をとってからつけます → î）

## 2. ̧ セディーユ cédille ........... ç

　　これは c の下につける記号で，カ行音で発音する c をサ行音に変えるためのものです（58 ページ参照）．

## 3. ¨ トレマ tréma ........... ï, ë, ü

　　複母音字などを切り離すためのものです（13 ページ参照）．

## 4. ' アポストロフ apostrophe ........... l'homme

　　je, la, si などの単語は，語末の母音字 e, a, i を省略して次の単語とつなげて書きます．これを「母音字省略（エリジオン élision）」といい，アポストロフはこれらの母音字が省略されたことを示します．

## 5. - トレ・デュニオン trait d'union ........... grand-mère

　　英語のハイフンと同じですから，特定の文字につくわけではありません．

# ① 単母音字の読みかた

| | |
|---|---|
| a<br>à<br>â | ·············· ア |
| é<br>è<br>ê | ·············· エ |
| e | ·············· エ / ウ |
| i<br>î<br>y | ·············· イ |
| o | ·············· オ |
| u<br>û | ·············· ユ |

03  **単母音字の読み方：解説**

　単母音字とは，ひとつの母音字がひとつの音に対応する場合を指します．それぞれ右のカタカナ表記のように読み，それ以外の読みかたはしません．厳密にいうと，例えば [a] と [ɑ] では音が違いますが*，その違いを無視して「ア」と覚えるのがこの本の方針です．また，アクサンなしの e については，次項で説明します．

| | | | | |
|---|---|---|---|---|
| **a** [a][ɑ]<br>**à** [a]<br>**â** [ɑ] | ············· ア | canal<br>à<br>âme | カナル [kanal]<br>ア [a]<br>アーム [ɑm] |
| **é** [e]<br>**è** [ɛ]<br>**ê** [ɛ] | ············· エ | été<br>père<br>têtu | エテ [ete]<br>ペール [pɛr]<br>テテュ [tety] |
| **i** [i]<br>**î** [i]<br>**y** [i] | ············· イ | il<br>gîte<br>cyclo | イル [il]<br>ジットゥ [ʒit]<br>スィクロ [siklo] |
| **o** [o][ɔ] | ············· オ | moto | モト [mɔto] |
| **u** [y]<br>**û** [y] | ············· ユ | numéro<br>dû | ニュメロ [nymero]<br>デュ [dy] |

---

\* [a] は前舌母音，[ɑ] は後舌母音．口腔（くちむろ）の前方で声を出すか奥で出すかの違い．
　[o] [e] は狭い音，[ɔ] [ɛ] は広い音．発音時の口の開きかたの違い．

## 注意

1. a, à, â

　これらの文字は，英語のように「エイ」などの二重母音に なることはなく，いつでも**「ア」**です.

2. é, è, ê

　e は，アクサンがついている場合は**「エ」**としか読みません.

3. y

　フランス語では母音字扱いをし，**「イ」**と読みます. ただし， 前の文字が子音字か母音字かで少し違います.

1) 子音字＋y：この場合は i とまったく同じです.

　　cyclo = ciclo  →  スィクロ [siklo]

2) 母音字＋y：この場合は，y を「i 2 つ分」に数えます.

　　rayon = raiion

後で説明しますが，ai は 2 つひと組で複母音字として**「エ」** と読み，i と o はひと続きに発音します. そこで，

　　rai-ion  →  レイヨン [rɛjɔ̃]

となります. とにかく，**「母音字の後では y = i + i」**と覚えて おいてください.

4. u, û

　この文字は，ローマ字の影響で「ウ」と読む間違いを犯し やすいので，気をつけてください. **単母音字の場合は絶対に 「ユ」としか読みません.**

# e の読み方

　前項の例にあげた単語のなかに，âme という語がありました．読みかたが「アーム」となっていたので，とまどったのではないでしょうか．me の読みかたが「メ」ではなく「ム」となっているからです．この場合，語末の e を「エ」ではなく「ウ」と読んでいることになります．このような例はほかにもありました．père は「ペール」だし，gîte は「ジットゥ」でした．なぜこれらの e は「エ」ではなく，「ウ」と読むのでしょう．

　実はこの e という文字は，アクサンがある場合（é, è, ê）は「エ」としか読みませんが，アクサンがない場合には 2 通りの読みかたがあるのです．次の単語の読みかたを，上と下で比べてみてください．ただしフランス語では，**原則として語末の子音字は読みません**．

| | | |
|---|---|---|
| de ......... ドゥ [də] | le ........ ル [lə] | me ........ ム [mə] |
| des ....... デ　[de] | les ....... レ [le] | met ....... メ [mɛ] |

　e の読みかたに一定の規則性があることに気づきましたか．後ろに子音字がないときは「ウ*」と読み，子音字があるときは「エ」と読んでいますね．このような規則性を，音節の区別をもとに一般化することができます．そこでまず，音節について説明しておきましょう．

　ひとつの単語は，いくつかの文字グループに分けることができます．

---

\* [ə] は「ウ」に近い音．詳しくは 16 ページを参照．

その文字グループのそれぞれが「音節」です．音節は母音字を核として構成されますから，ひとつの単語には，母音字の数だけ音節があることになります．

　また，音節は2種類に分けることができます．母音字で終わる音節を**「開音節」**といい，子音字で終わる音節を**「閉音節」**といいます．例にあげた単語はすべて単音節語（音節がひとつしかない単語）で，上段の単語はすべて開音節，下段の単語はすべて閉音節です．そこで，e の読みかたを次のように一般化することができます．

---

| e | 開音節では | …………………………… | ウ | [ə] |
|---|---|---|---|---|
| | 閉音節では | …………………………… | エ | [e] [ɛ] |

---

　さて，secret という単語には，e が2つ含まれています．語末の et はあきらかに閉音節の一部ですから，この e を「エ」と読むことはすぐにわかります．しかし前の e は，「エ」でしょうか「ウ」でしょうか．問題は，この2音節語をどこで切るかです．se-cret ならば se は開音節ですから e は「ウ」です．しかし，sec-ret ならば sec は閉音節ですから e は「エ」になります．このように，音節の切りかたを知らなければ e の読みかたはわかりません．切りかたは後で詳しく説明します（80〜83ページ参照）が，答えはそのときまでお預けにしておきます．

## ② 複母音字の読みかた

| | |
|---|---|
| ai<br>ei | ·························· エ |
| au<br>eau | ·························· オ |
| eu<br>œu | ·························· ウ |
| ou<br>où<br>oû | ·························· ウ |
| oi<br>oî | ·························· オワ |

07  複母音字の読みかた：解説

　次のような母音字の組み合わせは，複数の母音字がひとつの音に対応するもので，「複母音字」と呼ばれています．数も多くはありませんから，しっかり覚えてください．

| ai [ɛ][e]<br>ei [ɛ] ……… エ | mais　メ [mɛ]<br>Seine　セーヌ [sɛn] |
|---|---|
| au [o][ɔ]<br>eau [o] ……… オ | taux　トー [to]<br>peau　ポー [po] |
| eu [ø][œ]<br>œu [ø][œ] ……… ウ | bleu　ブルー [blø]<br>vœu　ヴ– [vø] |
| ou [u]<br>où [u]<br>oû [u] ……… ウ | coup　クー [ku]<br>où　ウー [u]<br>coûter　クーテ [kute] |
| oi [wa]<br>oî [wa] ……… オワ | moi　モワ [mwa]<br>boîte　ボワット [bwat] |

08 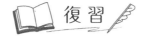 復習

前のページの単語を見ながら，今までの規則を確認しましょう．

## 1. 語末の子音字は発音しない

この規則は，mais，taux，coup，coûter にあてはまります．

## 2. e は開音節ではウ・閉音節ではエ

これは，Seine, boîte（開音節）／ coûter（閉音節）に適用されます．セーヌ，ボワットゥ／クーテです．

## 3. 母音字＋y

読みかたを覚えていますか？「y＝i＋i」でしたね．すると，ay, ey, oy の場合にはそれぞれ aii, eii, oii となり，複母音字が現れることになります．エイ，エイ，ォワイと読みます．

| | | | |
|---|---|---|---|
| pays | = | paiis (**pai**-is) | → ペイ [pei] |
| asseyez | = | asseiiez (ass**ei**-iez) | → アセイエ [aseje] |
| loyer | = | loiier (**loi**-ier) | → ロワイエ [lwaje] |

━━━━━━━━━━━━━━━━━━ トレマ（¨）━━━━━━━━━━━━━━━━━━

「綴り字記号」のところで触れましたが，複母音字などを切り離して発音させるためのものです．たとえば，ai は複母音字として「エ」と読みますが，aï の場合は「アイ」と読みます．そこで，maïs は「マイス」[mais] と読むことになります（語末の s を例外的に発音しているのは，スペイン語からの借用語だからです）．また，i にトレマをつけるときは，点をとってからつけますから，点が 3 つになることはありません．

09 練習問題 ①

次の単語の読みかたをカタカナで書いてください.

① reine　　　　⑥ buste

② gâteau　　　　⑦ gaulois

③ voyez　　　　⑧ beaucoup

④ épineux　　　　⑨ peiner

⑤ double　　　　⑩ vulgaire

ヒント

1. 複母音字を見つけてください.
   ⑥ 以外には，すべて複母音字が含まれています.
2. 最後の音節にある e は「ウ」でしょうか「エ」でしょうか？
   ①，③，⑤，⑥，⑨，⑩
3. 語末の子音字は読みません.
   ③，④，⑦，⑧，⑨

（略号：開＝開音節，閉＝閉音節．太字は複母音字）

① reine：レーヌ [rɛn]
ei は「エ」，ne は開で「ヌ」．

② gâteau：ガトー [gato]
â は「ア」，eau は「オ」．

③ voyez：ヴォワイエ [vwaje]（母音字＋y に注意）
y＝i＋i だから voiiez となる．oi は「ォワ」，ez は閉で「エ」，z は読まない．

④ épineux：エピヌー [epinø]
é はアクサンつきだから「エ」，eu は「ウ」，x は読まない．

⑤ double：ドゥーブル [dubl]
ou は「ウ」，le は開で「ル」．

⑥ buste：ビュストゥ [byst]
u は，ウ や ア ではなく「ユ」です．te は開で「トゥ」．

⑦ gaulois：ゴーロワ [golwa]
au は「オ」，oi は「ォワ」，s は読まない．

⑧ beaucoup：ボクー [boku]
eau は「オ」，ou は「ウ」，p は読まない．

⑨ peiner：ペーネ [pene]
ei は「エ」，er は閉で「エ」，r は読まない．

⑩ vulgaire：ヴュルゲール [vylgɛr]
しつこいようですが，u は ウ や ア ではなく絶対に「ユ」です．ai は「エ」，re は開で「ル」．

ちょっと，休憩？

## 1. e：開音節の「ウ」は [ə] と [ ]

　ローマ字の問題です．ta，te，to はそれぞれ「タ」，「テ」，「ト」と読みます．それでは，母音字をとりのぞいて t という子音字だけを発音してください．もしあなたが「トゥ」と発音したら，ウという母音を添えていることになり，要求を満たしていません．どう発音しますか？

　実は，これはかなり困難な要求なのです．どんなに子音だけを発音しようとしても，必ず軽いぅの音を伴うものです．このぅは発音記号には現れませんから，[ ] と書くほかありません．そしてこのぅ[ ] が強く発音されると，ウ [ə] になるのです．前ページ練習問題の ⑤ double と ⑥ buste の発音も，辞書によっては [dubl(ə)]，[byst(ə)] と記されています．これは，語末の子音に伴うウの音を，聞こえないほど弱めることもあれば，はっきり強く [ə] と発音することもある，という意味です．

　この [ə] という発音記号は，英語でもドイツ語でも使います．ところが，それぞれの言語で対応する音が異なるのです．英語ではアに近い音，ドイツ語ではエに近い音，フランス語ではウに近い音と説明されます．英語で曖昧母音といわれるように，まさしくアイマイで正体不明な音なのです．しかし，これには理由があります．実は [ə] という音は，子音の発音を助ける以外の役割を持たないのです．

そしてその役割をはたす軽い母音が，英語では「ア」，ドイツ語では「エ」，フランス語では「ウ」というわけです．

　練習問題 1- ① reine の発音記号 [rɛn] の末尾の [n] も，ウの音をまったく含まない「ン」ではなく，ウに支えられた「ヌ」になります．発音記号からは抜け落ちることもあるこの「ゥ」を，綴りにして表したのが e という文字で、**「脱落性の e」** と呼ばれます．

## 2. 子音の発音

　子音については，カタカナ表記と実際の発音のズレに注意してください．英語やフランス語では子音だけを発音することがありますが，日本語では子音は必ず母音を伴って「子音＋母音」の組み合わせで現れます．日本人はこの習慣が抜けないため，外国語を発音するときも，実際には存在しない母音を子音の後に加える傾向があります．たとえば，près [prɛ] という単語の発音は，カタカナでは「プレ」と書くしかありません．しかし，日本語の「プ」は [p] ＋ [u] で，「ウ」という母音が入っています．フランス語の綴りでは「p」の後に母音はありませんから，この「ウ」は「脱落性の e」のように，ほとんど聞こえないようにしなければならないのです．つまり，p と r を続けてひと息で発音するのです．très [trɛ] は「トレ」でなく「トゥレ」ですし，trop [tro] は「トロ」と発音すると，taureau [tɔro] と区別がつかなくなります．

　フランスのタバコは同じ銘柄でも数種類あり，一番軽いものは ultra [yltra] と呼ばれています．この発音は，日本人には至難の業で

す．子音字が3つ（ltr）も続くからです．最後のrは後ろに母音字がありますが，lとtは子音だけを発音しなければなりません．日本語式に「ユルトラ」と発音すると，lの後に「ウ」，tの後に「オ」が入ってしまいます．traはひと息で発音できますが，その前のlがどうしても「ル」[lə] になってしまいます．

## 3. 母音の長短

　1.で例にあげた reine は，「レーヌ」と読むと解答に書きました．しかし，発音記号を見ると [rɛn] となっていて，長音記号 [ː] がありません．それならカタカナで表記する場合，「レヌ」のほうが原音に近いのでしょうか？

　フランス語では，母音の長短には単語を区別する機能がないのです．そのため，仏仏辞典には長音記号は現れません（仏和辞典には，長音記号を採用しているものもあります）．フランス人に「レーヌ」と「レヌ」の両方を発音して聞かせても，「どこが違うのか」と聞き返されます．ただし，経験的に「レヌ」より「レーヌ」のほうが通じるので，カタカナ表記には「ー」を入れました．長短の差には，日本人のほうが敏感かもしれません．

　フランスのブルターニュ地方に Rennes という都市があります．発音記号で書くと [rɛn] となり，reine とまったく同じです（語末の es は，2音節以上の単語では「エ」とは読まず，例外です）．Rennes のほうは，「レンヌ」と発音すると通じます．発音記号には現れない微妙な差です．

# ③ 半母音の読みかた

(1)
$\left.\begin{array}{l} \text{i} \\ \text{u} \\ \text{ou} \end{array}\right\}$ ＋母音字 …… $\left\{\begin{array}{l} \text{イ} \\ \text{ユ} \\ \text{ウ} \end{array}\right.$

(2)

| | | |
|---|---|---|
| ail(l) | …………………… | アーィユ |
| eil(l) | …………………… | エーィユ |
| ill | …………………… | イーユ |

$\left.\begin{array}{l} \text{œil(l)} \\ \text{euil(l)} \\ \text{ueil(l)} \end{array}\right\}$ ……………… ウーィユ

| | | |
|---|---|---|
| ouil(l) | …………………… | ウーィユ |
| uill | …………………… | ユーィユ |

19

半母音 semi-voyelle は半子音 semi-consonne ともいいます．つまり，「母音と子音の中間の音」，「声のような息のような音」です．これは，連続する 2 つの母音をひと息で発音したときに，一方の母音が弱まるために生じる音です．前の母音が弱まる場合と，後ろの母音が弱まる場合があります．まず，前の母音が半母音化する場合から説明しましょう．下の図を見てください．

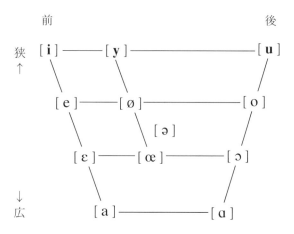

　この図は，フランス語の 12 の口腔（くちむろ）母音（口蓋だけで出す母音）の発音のしかたを表したものです．「前・後」は，調音点（声を作る位置）が前か後ろかを示し，「狭・広」は発音時の口の開きかげんを示しています．つまり，一番上の 3 つの母音（イ [i], ユ [y], ウ [u]）が，もっとも口の開きの狭い音ということになります．そしてこの 3 つの母音は，後ろに母音が続く場合，その母音とひと続きに発音されてさらに狭い音になり，息にも似た音（半母音）になるのです．発音記号

12

で書くと，以下のようになります．

$$イ [i] \to ィ [j] \qquad ユ [y] \to ュ [ɥ] \qquad ウ [u] \to ゥ [w]$$

3つの母音「イ [i]，ユ [y]，ウ [u]」に対応する綴りは，それぞれ「i，u，ou」ですから，

### 「i , u, ou ＋母音字」は，後続母音とひと続きに発音する

ということになります．しかし実は，これは「発音」の問題で，「読みかた」については特に気にする必要はありません．実際の例を見てみましょう．

1) piano [pjano]：イ [i] → ィ [j]

   iはイ，aはア，oはオですから，「ピアノ」でいいのです．ただ，半母音を強調すれば「ピヤノ」になります．

2) cuire [kɥir]：ユ [y] → ュ [ɥ]

   uはユ，iはイ，eは開音節だからウです．したがって「キュイール」になります．

3) oui [wi]：ウ [u] → ゥ [w]

   ouは複母音字でウ，iはイですから，「ウイ」になります．ただ，発音するときは「ゥイ」という感じです．

　上の単語はすべて，今までの規則だけで「読め」ました．ただし，発音するときは，「イ・ア」「ユ・イ」「ウ・イ」のように分けずに，「ィヤ」「ュイ」「ゥイ」と，ひと続きに発音します．

今度は, 後ろの母音が半母音化する場合です. 半母音化するのはイ [i]
（→ィ [j]）だけです. ただし, 母音字の後に i がくると必ず半母音化
するわけではなく, 次のような綴りの場合だけです.

「母音字＋il(l)」：il(l) を「ィユ」[j] と読む

　il を「イル」とは読みませんから注意してください. この読みかた
は「文字どおり」ではないのです. カッコに入れたもうひとつの l は,
ill の場合も同じ読みかたをするという意味です. そして, il(l) の前に
は単母音字だけでなく, 複母音字も入ります.

| | | | |
|---|---|---|---|
| **ail(l)** [aj] | ‥‥‥‥ アーィユ | travail | トラヴァーィユ [travaj] |
| **eil(l)** [ɛj] | ‥‥‥‥ エーィユ | soleil | ソレィユ [sɔlɛj] |
| **ill** [ij] | ‥‥‥‥ イーユ | famille | ファミーユ [famij] |

| | | | |
|---|---|---|---|
| **œil(l)** [œj] | | œil | ウーィユ [œj] |
| **euil(l)** [œj] | ‥‥‥‥ ウーィユ | seuil | スーィユ [sœj] |
| **ueil(l)** [œj] | | accueil | アクーィユ [akœj] |

| | | | |
|---|---|---|---|
| **ouil(l)** [uj] | ‥‥‥‥ ウーィユ | brouille | ブルーィユ [bruj] |
| **uill** [ɥj] | ‥‥‥‥ ユーィユ | juillet | ジュィエ [ʒɥijɛ] |

# 💡 注 意

1. ail(l)：**アーィユ** [aj]

　ai を複母音字と間違えて「エル」や「エーィユ」と読まないよう，気をつけてください．a＋il(l) →「ア＋ィユ」です．

2. eil(l)：**エーィユ** [εj]

　ei は複母音字ではありません．e＋il(l) →「エ＋ィユ」です．

3. ill：**ィーユ** [ij]

　例外で，前に母音字がありません．「子音字＋ ill」です．

4. œil(l) / euil(l) / ueil(l)：**ウーィユ** [œj]

　œ と eu は複母音字（「ウ」[œ]）ですが，ueil(l) に含まれる ue は例外（かつて eu が ue とも綴られた名残）で，c と g の後にだけ現れます．c, g の後に e が続くとサ行音・ジャ行音になるので，これをカ行音・ガ行音に保つためです．c, g の読みかたは，後で説明します（57 ～ 63 ページ参照）．

5. ouil(l)：**ウーィユ** [uj]

　複母音字 ou「ウ」[u] が il(l) の前についたものです．

6. uill：**ユーィユ** [ɥij]

　母音字 u「ユ」[y] が ill の前についたものです．

　上記 3. の場合には例外もありますので，代表的なものをあげておきます．ill を「イル」と読みます．

　mille ミル [mil], ville ヴィル [vil], village ヴィラージュ [vilaʒ]

　tranquille トランキル [trãkil], osciller オスィレ [ɔsile]

# 練習問題 ②

次の単語の読みかたをカタカナで書いてください.

① fille              ⑥ ouate

② feuille            ⑦ voyant

③ biscuit           ⑧ aiguille

④ abeille           ⑨ crayon

⑤ vitrail           ⑩ débrouiller

## ⁂❀ ヒント ❀⁂

1. 半母音など気にしなくても読めますが.
   ③, ⑥, ⑦, ⑨

2. どこに半母音が隠れているのでしょう.
   ⑦, ⑨

| 解答 | （略号：開＝開音節，閉＝閉音節．太字は半母音.） |

① fille：フィーユ [fij]
前に母音字がなくても，ill だけで「ィユ」.

② feuille：フーィユ [fœj]
eu ＋ ill で「ウーィユ」，語末の e は開で「ゥ」.

③ biscuit：ビスキュイ [biskɥi]
ui の u が半母音 [ɥ].

④ abeille：アベーィユ [abɛj]
e ＋ ill で「エーィユ」，語末の e は開で「ゥ」.

⑤ vitrail：ヴィトゥラーィユ [vitraj]
a ＋ il で「アーィユ」.

⑥ ouate：ゥアットゥ [wat]
oua の ou が半母音 [w]，語末の e は開で「ゥ」.

⑦ voyant：ヴォワイヤン [vwajɑ̃]
母音字の後で「y ＝ i ＋ i」→ voiiant となり，oi は「ォワ」，ia の i が半母音 [j]，t は読まない.

⑧ aiguille：エギュィーユ [ɛgɥij]
u ＋ ill で「ュィーユ」，語末の e は開で「ゥ」.

⑨ crayon [krɛjɔ̃]：クレィヨン（「y ＝ i ＋ i」に注意）
craiion となり，ai は「エ」，io の i が半母音 [j].

⑩ débrouiller：デブルーィエ [debruje]
ou ＋ ill で「ウーィユ」，er は閉で「エ」，r は読まない.

25

# ④ 鼻母音の読みかた

| an, am |
| en, em |

| ain, aim |
| ein, eim |
| in, im |
| yn, ym |

| un, um |

············ **アン**

| on, om |

················ **オン**

フランス語には，「半母音の読みかた（1）」の図で示した 12 の口腔母音のほかに，4 つの鼻母音(鼻腔に響かせて発音する母音：[ɑ̃], [ɛ̃], [œ̃], [ɔ̃]）があります．この 4 つの音の「発音」はみな違いますが，綴りの「読みかた」という点から見れば，大きく 2 つに分類することができます．「アン（[ɑ̃], [ɛ̃], [œ̃]）」と「オン（[ɔ̃]）」です．この大まかな「読みかた」をまず頭に入れてください．

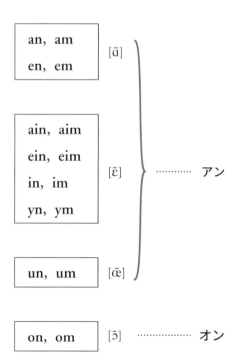

綴りを見るとわかるように，すべて**「母音字＋n／m」**という形になっています．「母音字」とは，6つの単母音字すべて(a, e, i, o, u, y)と，2つの複母音字(ai, ei)を指します．また，母音字＋「n／m」となっていますが，基本形は「母音字＋n」です．nは，後ろにb, m, pの3つの子音字が続くとmに変わるため，「母音字＋m」という形が現れるのです(「母音字＋m」が語末にくるのは例外です)．これは，綴りを確かめるのに便利な規則ですから，覚えておいてください．たとえば，anかamかわからなくなったときは，後ろの子音字がb, m, pか，それ以外かを考えればよいわけです．実際の例を見てみましょう．

## 1．アン [ã]

1）**an, am**

この2つは，ふつうに読んでも「アン」になります．

dans ……………… ダン [dã]

jambe …………… ジャンブ [ʒãb]（mの後はb）

2）**en, em**

「エン」と読まないようにしてください．

prendre ………… プランドゥル [prãdr]

emmêler ………… アンメレ [ãmele]（mの後はm）

## 2．アン [ɛ̃]

1）**ain, aim／ein, eim**

このグループには，「エ」と読む複母音字（ai, ei [ɛ]）が含まれていますが，「エン」とは読みません．

17

crainte ............... クラントゥ [krɛ̃t]

faim .................. ファン [fɛ̃]（例外）

teint .................. タン [tɛ̃]

Reims ............... ランス [rɛ̃s]（例外*）

* 固有名詞で，例外的に語末の s を読んでいます.

2）in, im / yn, ym

「イン」ではなく「アン」です.

injuste ............... アンジュストゥ [ɛ̃ʒyst]

impôt ............... アンポ [ɛ̃po]（m の後は p）

syndicat ........... サンディカ [sɛ̃dika]

symbole ........... サンボル [sɛ̃bɔl]（m の後は b）

## 3. アン [œ̃]

**un, um**

「ウン」ではありません.

brun .................. ブラン [brœ̃]

parfum ............... パルファン [parfœ̃]（例外）

## 4. オン [ɔ̃]

**on, om**

そのまま読んでも「オン」になります.

rond .................. ロン [rɔ̃]

plomb ............... プロン [plɔ̃]（m の後は b）

## 補足

### 1. animal は「アンニマル」か「アニマル」か？

　　animal という単語には，確かに an という部分があり，「母音字＋n」という条件を満たしています．しかし，これは鼻母音ではありません．

　　実は，鼻母音には前提条件があるのです．**「母音字＋n / m が同一音節内にあること」**という条件です．animal を音節に分けると **a-ni-mal** となり，a と n は切り離されてしまいます．このような場合は鼻母音ではありません．「n / m」が次の母音字と結びつくからです．「n / m」の直後に母音字があるときは，鼻母音にはなりません．ローマ字式に読んでみれば，ほとんどの場合は自然に区別がつきます．

### 2. ien, oin

　ien は en の前に i がついたもので，読みかたは**「イアン」**です．しかし，i は後ろの母音と結びついて半母音になるので，発音は [jɑ̃] または [jɛ̃] となります．

bien ............... ビアン [bjɛ̃]（ビエンではありません）

orient .............. オリアン [ɔrjɑ̃]

　oin は，複母音字 oi「ォワ [w]」を鼻母音化したもので，**「ォワン [wɛ̃]」**と読みます．

point ........... ポワン [pwɛ̃]（プに近いポの感じです）

🌿 **鼻母音の「発音」について** 🌿

　「単語の読みかた」の説明が本書の目的ですが，ここでは「発音のしかた」にも触れておきます．カタカナ表記ではどちらも「アン」になる [ɑ̃] と [ɛ̃] は，はっきり区別して発音する必要があるからです．さもないと，ベンチ（banc [bɑ̃]）と風呂（bain [bɛ̃]）の区別さえつかなくなります．

1. [ɑ̃]

　　フランス語には，[a] と [ɑ] の2種類の「ア」があります．[a] は前舌母音（口腔の前方で出す音），[ɑ] は後舌母音（口腔の奥で出す音）です．[ɑ̃] は [ɑ] を鼻母音化したものですから，口腔の奥で出す音です．まず，口を開きぎみにして舌をできるだけ後ろに引き，喉の奥から声を出すつもりで「ア」といってください．こもった音の「ア」になるはずです（舌を前に移動させて「ア」の音を出して比べれば，音色の違いがわかります）．そのこもった音のまま，鼻から息を吐きながら「アン」というと，[ɑ̃] になります．「オン」に似た音です．

2. [ɛ̃]

　　「エ」にも2種類あります．口の両端を左右に引いて発音する狭い [e] と，口を広く開けて発音する [ɛ] です．[ɛ̃] はこの広い [ɛ] を鼻母音化したものですが，「エン」よりは「アン」に近い音です（「エン」は南仏訛り）．[ɑ̃] よりも前の位置で，明るい音色の「ア」の音を出すのがこつです．

3. [œ̃]

　　[œ] を鼻母音化したのがこの音です．唇を丸くすぼめて [ɛ̃] を発音

すると，この音になります．ただし，この音は発音できなくても実際には困りません．[ɛ] で代用することができるからです．[œ̃] と [ɛ̃] の違いだけで区別するような単語は，あまりありません．

**4.** [ɔ̃]

「オ」の音にも2種類あって，口を丸くすぼめて発音する狭い [o] と，大きめに開けて発音する広い [ɔ] です．[ɔ̃] は [ɔ] を鼻母音化したものですが，実際には狭い [o] を鼻母音化したほうが無難です．広い [ɔ] を鼻母音化した場合，「オン」とも聞こえる「アン ɑ̃」との区別が曖昧になるからです．下の図を見てください．[ɑ] と [ɔ] は，かなり近い位置で出す音だということがわかります．そのため，[ɑ] に対してより遠い位置にある [o] を鼻母音化したほうが，[ɔ̃] と [ɑ̃] をはっきり区別して発音しやすい，というわけです．

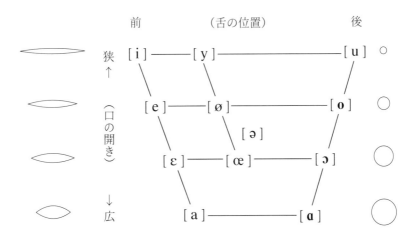

# 練習問題 ③

次の単語の読みかたをカタカナで書いてください.

① enfin        ⑥ important

② éteindre      ⑦ emprunter

③ ampoule     ⑧ ombre

④ singulier      ⑨ moindre

⑤ nymphe      ⑩ contemporain

## ⟫⦿ 読みかたの注意 ⦿⟪

1. 「母音字＋n / m」を見つけてください.
2. 「アン」か「オン」かを考えてください.
3. 「アン」については，[ɑ̃], [ɛ̃], [œ̃] のどれになるかも考えてください.それほど難しくありません.それぞれの綴りが，3 つの発音記号のどれかひとつに対応しています.3 つの「アン」の区別が，正しい発音への第一歩です.

　（略号：開＝開音節，閉＝閉音節．太字は鼻母音．）


① enfin：アンファン [ɑ̃fɛ̃]

② éteindre：エタンドゥル [etɛ̃dr]
　　é はアクサンつきだから「エ」，語末の e は開で「ゥ」．

③ ampoule：アンプル [ɑ̃pul]（am の後は p）
　　ou は複母音字で「ウ」，語末の e は開で「ゥ」．

④ singulier：サンギュリエ [sɛ̃gylje]
　　u は「ユ」，ie の i は半母音，er は閉で「エ」，r は読まない．

⑤ nymphe：ナンフ [nɛ̃f]（ym の後は p）
　　ph は英語と同じで「ファ」行音，語末の e は開で「ゥ」．

⑥ important：アンポルタン [ɛ̃pɔrtɑ̃]（im の後は p）
　　語末の t は読まない．

⑦ emprunter：アンプランテ [ɑ̃prœ̃te]（em の後は p）
　　er は閉で「エ」，r は読まない．

⑧ ombre：オンブル [ɔ̃br]（om の後は b）
　　語末の e は開で「ゥ」．

⑨ moindre：モワンドゥル [mwɛ̃dr]
　　oin は「ォワン [wɛ̃]」．

⑩ contemporain：コンタンポラン [kɔ̃tɑ̃pɔrɛ̃]（em の後は p）
　　鼻母音が 3 つも入っています．

ふたたび，休憩？

## 1. r の発音

　　この文字の「発音」についても触れておきます．l と r は，カタカナ表記ではどちらも「ル」になりますが，まったく違う音です．l の発音はそれほど問題ありませんが，r は日本語にも英語にも存在しない音です．ですから逆に，これさえできればいかにもフランス語らしく聞こえる，というわけです．

　　下の図を見てください．まず，口を開きぎみにして，舌の先を下の歯の裏側に押しつけます．すると舌が盛り上がって，口蓋（こうがい）と舌の間の間隔が狭くなり，そこを通る息もかなり早くなります．この狭い隙間から，勢いよく息を吐き出す練習をしてください．フランス語は腹式呼吸で発音しますから，胸式呼吸の日本語よりはるかに強い息を必要とします．r の音を出すにもかなり強い息が必要です．あまり上品なたとえではありませんが，痰を吐くような感じで，強い息を瞬間的に腹から「ハッ」と吐きます．

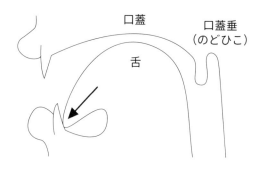

この強い息がかなりの速度で喉から流れ出し，その途中で口蓋垂（のどひこ）を振動させることになります．それが r の音です．r だけ出せるようになっても，後ろに母音が入るとうまく発音できないかもしれません．これは腹式呼吸の r に，胸式呼吸の日本語的な母音をつなげようとするためです．解決策は，母音もすべて腹式呼吸で発音し，腹から出す息に乗せる以外にありません．

　初めのうちは必死に力まないと発音できないので，r ばかりが不自然に目立つかもしれません．フランス人には，「そんなに力まず軽く発音しなさい」といわれることになります．しかし，そんなフランス人にも苦手な音があるのです．

## 2. h について

　フランス語にはこの文字に対応する音は存在しません．ですから，**「この文字はどんな場合にも読まない」**のです．語頭にある場合は，「無音の h（h muet）」と「有音の h（h aspiré）」を区別しますが，これは形式上の区別で，どちらも読みません．

　フランス人は h を発音する習慣がありませんから，日本語を学ぶ場合にもこの音で苦労するようです．そこで，初めのうちはかなり力んで必死になって，「はっ」と叫ぶことになります．われわれ日本人もフランス人に対して，「そんなに力まず軽く発音しなさい」と，アドバイスすべきでしょうか．

# ⑤　注意すべき子音字

| | |
|---|---|
| 語末の<br>子音字 | 原則として発音しないが，c, f, l, r は語末<br>でも発音されることが多い. |

**b** …… 「**ブ**」. c, s, t の前では「**プ**」

**h** …… 発音しない

**s** …… 「**ス**」.「（母音字＋）s（＋母音字）」では「**ズ**」

**ti** …… 通常は「**ティ**」

　　　　　例外的に「**スィ**」

　　　　　**tion** は「**スィオン**」

　　　　　**stion** は「**スティオン**」

**w** …… 外来語のみで用いられ，発音は「**ウ**」,「**ヴ**」

**x** …… 発音は「**クス**」

　　　　　「**ex**（＋母音字）」は「**エグズ**」

　　　　　語頭では「**グズ**」

**gu** ……「gu ＋母音字」: gu 2 文字で「**グ**」[g] の音

**qu** ……「qu ＋母音字」: qu 2 文字で「**ク**」[k] の音

**q** …… 語末では「**ク**」

8 ページの「e の読みかた」のところで,「原則として語末の子音字は読みません」と書きました.「原則として」というただし書きをつけたように,子音字のなかには語末でも読むことが多いものがあります.c, f, l, r の 4 つです. ところが, これらの子音字は「読むことが多い」だけで,読まない場合もあります. これを見分ける規則はありませんので, 結局, 個々の単語について覚えるしかありません. ただし r を除いて, **読まないほうがむしろ例外**です. それぞれの文字について, 例をあげておきます.

## 1. c

　1) 読む場合:「**ク**」[k]

　　arc アルク [ark]　　lac ラック [lak]　　sec セック [sɛk]

　2) 読まない場合

　　estomac エストマ [ɛstɔma]　　tabac タバ [taba] など.

　　また, 特に鼻母音の後に多く見られます.

　　banc バン [bɑ̃]　　blanc ブラン [blɑ̃]　　franc フラン [frɑ̃]

## 2. f

　1) 読む場合:「**フ**」[f]

　　neuf ヌッフ [nœf]　　œuf ウッフ [œf]　　bœuf ブッフ [bœf]

　2) 読まない場合

　　clef クレ [kle]　　cerf セール [sɛr]

### 3.  l

1) 読む場合：「ル」[l]

poil ポワル [pwal]　　social ソスィアル [sɔsjal]

2) 読まない場合

gentil ジャンティ [ʒɑ̃ti]　　outil ウティ [uti]　　cul キュ [ky]

sourcil スールスィ [sursi]　　fusil フュズィ [fyzi]

### 4.  r

1) 読む場合：「ル」[r]

air エール [ɛr]　　mer メール [mɛr]　　par パル [par]

また, finir フィニール [finir] のように,

**「-ir 動詞」の不定詞語尾はつねに「イール」**

と読みます.

2) 読まない場合（比較的多くあります）

métier メティエ [metje]　　laurier ローリエ [lɔrje]

aimer エメ [eme]　　　habiter アビテ [abite]

一般に, mer, fer のような単音節語を除いて, **「-er」で終わる単語の語末の r は読みません.** 例外はわずかです *. また,

**「-er 動詞」の不定詞語尾はつねに「エ」**

と読みます. aimer, habiter がその例です.

---

* amer アメール [amɛr], fier フィエール [fjɛr], hier ィエール [jɛr], cuiller キュイエール [kɥijɛr] など.

23  **注意すべき子音字：解説**

　フランス語の子音字の読みかたは，英語やローマ字から類推できるものがほとんどですが，特殊な読みかたをするものもいくつかあります．h はどんな場合にも読まないことは，前に説明しました．また，c と g には，それぞれ 2 つの読みかたがありますので，別に項を設けて説明することにします．

## 1. b

　ふつうは「**ブ**」[b] と読みますが，c, s, t の前では「**プ**」[p] になります．

「b＋c, s, t」の場合は「プ」[p]

| | | |
|---|---|---|
| abcès | …………… | アプセ [apsɛ] |
| obstacle | ………… | オプスタークル [ɔpstakl] |
| obtus | …………… | オプテュ [ɔpty] |

## 2. s

　ふつうは「**ス**」[s] ですが，母音字に挟まれたときには，濁って有声音になります．

「母音字＋s＋母音字」の場合の s は「ズ」[z]

| | | |
|---|---|---|
| rose | ……………… | ローズ [roz] |
| hasard | …………… | アザール [azar] |

ただし，「母音字＋ss＋母音字」の場合は「**ス**」のままです．

| | | |
|---|---|---|
| mission | ………… | ミッスィオン [misjɔ̃] |

### 3. ti

t は原則として「タ行」で読みますが，後ろに i が続く場合には例外もあります．「**ti**」は次のように読みます．

1)「**ティ**」[ti] と読む：大部分の場合

tiret ……………　ティレ [tirɛ]

2)「**スィ**」[si] と読む

① 後ろに e が続いて **tie** となる場合（この e は読まない）

この場合，多くは「スィ」と読みます．

démocratie ……　デモクラスィー [demɔkrasi]

patient …………　パスィヤン [pasjɑ̃]

ただし，tie がすべて「スィ」になるわけではありません．

dynastie ………　ディナスティー [dinasti]

maintien ………　マンティアン [mɛ̃tjɛ̃]

② そのほかの場合

partial …………　パルスィアル [parsjal]

nuptial …………　ニュプスィアル [nypsjal]

3)

① **tion** は「**スィオン**」[sjɔ̃] と読みます．

nation …………　ナスィオン [nasjɔ̃]

station …………　スタスィオン [stasjɔ̃]

② ただし，**stion** は「**スティオン**」[stjɔ̃] と読みます．「ススィオン」では，「ス」が続いて発音しにくいからです．

bastion ............... バスティオン [bastjɔ̃]

## 4. w

外来語のみで用いられる文字で，「**ヴ**」[v] または「**ウ**」[w] と読みます．

wagon ............... ヴァゴン [vagɔ̃]

whisky ............... ウィスキー [wiski]

## 5. x

語末では原則として読みませんが，語中にあるときは「**クス**」[ks] と読みます．

taxi .................. タクスィ [taksi]

ただし，「**ex ＋母音字**」の ex は「**エグズ**」[egz] と読みます．

exister ............... エグズィステ [ɛgziste]

しかし，ex の後に c を入れると，x は濁りません．

exciter ............... エクスィテ [ɛksite]

語末で「**ス**」[s] と読む例外は，次の 2 語だけです．

six .................... スィス [sis]

dix .................. ディス [dis]

まれに語頭に現れ，「**グズ**」[gz] と読みます．

xénophobe ......... グゼノフォブ [gzenɔfɔb]

## 6. gu ＋母音字

g ひと文字だけの読みかたは後で説明しますが，表記のような組み

合わせの場合,

**gu の 2 文字で [g] (グ) ひとつの子音**

に対応します.

  **guè**re …………… ゲール [gɛr]

  **gui**de …………… ギッド [gid]

「グイッド」でも「ギュイッド」でもありません.

## 7. qu ＋母音字

 q という文字は，語末以外の位置では「qu ＋母音字」の形でしか現れません. このような組み合わせの場合,

**qu の 2 文字で [k] (ク) ひとつの子音**

に対応します.

  **qu**i ……………… キ [ki]

  **qua**rtier ………… カルティエ [kartje]

「クイ」や「クワ」と読まないよう，注意してください.

### ▶ 語末の q

 q は語末でも発音され，**「ク」** [k] と読みます. ただし，q が語末にくる単語は次の 2 つしかありません.

  cin**q** ……………… サンク [sɛ̃k]

  co**q** ……………… コック [kɔk]

次の単語の読みかたをカタカナで書いてください.

① distingué　　　　⑥ bonheur

② obstiné　　　　　⑦ oiseau

③ ambition　　　　⑧ quoique

④ caissier　　　　　⑨ obligation

⑤ quand　　　　　⑩ exotique

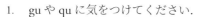
●))●● ヒント ●((●

1. gu や qu に気をつけてください.
   ①, ⑤, ⑧, ⑩

2. b の読みかたは?
   ②, ③, ⑥, ⑨

3. s や x は濁るでしょうか, 濁らないでしょうか?
   ④, ⑦, ⑩

解答　（略号：開＝開音節，閉＝閉音節．太字の文字に注意．）

① distingué：ディスタンゲ [distɛ̃ge]
in は鼻母音で「アンɛ̃」，é はアクサンつきだから「エ」，gué の 3 文字で「ゲ」．

② obstiné：オプスティネ [ɔpstine]
b は s の前だから「プ」，é はアクサンつきだから「エ」．

③ ambition：アンビスィオン [ɑ̃bisjɔ̃]
am は鼻母音で「アンɑ̃」，tion は「スィオン」．

④ caissier：ケスィエ [kesje]
issi は s が 2 つだから濁らない，er の r は読まない．

⑤ quand：カン [kɑ̃]
an は鼻母音「アンɑ̃」，quan 4 文字で「カン」，d は読まない．

⑥ bonheur：ボヌール [bɔnœr]
h は無視する，eu は複母音字で「ウ」，語末の r は読む．

⑦ oiseau：オワゾー [wazo]
oi は「ォワ」，eau は複母音字で「オ」，s は母音字間だから濁る．

⑧ quoique：コワク [kwak]
qu 2 文字で「ク」，oi は「ォワ」，語末の e は開で「ゥ」．

⑨ obligation：オブリガスィオン [ɔbligasjɔ̃]
b の後は c, s, t でないから「ブ」，tion は「スィオン」．

⑩ exotique：エグゾティック [ɛgzɔtik]
「ex ＋母音字」だから濁る，que は開で「ク」．

# ⑥ 複子音字の読みかた

ch
- （原則）............ シュ
- （例外）............ ク

gn ........................ ニュ

ph ........................ フ

th ........................ トゥ

rh ........................ ル

母音字に，複数の母音字がひとつの音に対応する複母音字があった
ように，子音字にも，2つの子音字がひとつの音に対応する「複子音字」
があります．次の5つがあります．

　なお，この複子音字は2文字でひとつの単位として扱い，単語を音
節に分けるときも，間で切ることはしません．

| ch | （原則）………… シュ [ʃ] | château | シャトー [ʃɑto] |
|---|---|---|---|
| | （例外）………… ク [k] | chrome | クローム [krom] |

| gn | ……………………… ニュ [ɲ] | signe | スィーニュ [siɲ] |
|---|---|---|---|

| ph | ……………………… フ [f] | photo | フォト [fɔto] |
|---|---|---|---|

| th | ……………………… トゥ [t] | théâtre | テアトル [teɑtr] |
|---|---|---|---|

| rh | ……………………… ル [r] | rhume | リューム [rym] |
|---|---|---|---|

29

# 注 意

**1. ch**

　この複子音字は，原則として「シャ行音」で読みます．英語やローマ字と混同して「チャ行音」で読まないよう，気をつけてください．また，「カ行音」で読む例外は少数です．

　　Christ クリスト [krist]　orchestre オルケストル [ɔrkɛstr]

**2. gn**

　「gna, gni, gne, gné, gno」で「ニャ, ニ, ニュ, ニェ, ニョ」になります．

**3. ph**

　この複子音字を「ファ行音」で読むのは，英語と同じです．

**4. th**

　この複子音字には，「h は読まない」という原則を適用して，「t」だけの場合と同じ読みかたをします．歯の間から出す英語の「ス [θ]」と混同しないでください．

**5. rh**

　この複子音字も h を無視して，「r」だけの場合と同じ読みかたをします．例はあまり多くありません．

# 練習問題 ⑤

次の単語の読みかたをカタカナで書いてください.

① campagne          ⑥ chien

② rythme            ⑦ philosophe

③ dimanche          ⑧ magnifique

④ rhétorique        ⑨ cathédrale

⑤ orthographe       ⑩ ignorer

---

### ❋ ヒント ❋

複子音字はすぐに見つかります.

1. ch ： ③, ⑥
2. gn ： ①, ⑧, ⑩
3. ph ： ⑤, ⑦
4. th ： ②, ⑤, ⑨
5. rh ： ④

---

① campagne：カンパーニュ [kɑ̃paɲ]
　　am は鼻母音で「アン ɑ̃」，e は開で「ゥ」，gne は「ニュ」．

② rythme：リトゥム [ritm]
　　y は「イ」，th は「トゥ」，e は開で「ゥ」．

③ dimanche：ディマンシュ [dimɑ̃ʃ]
　　an は鼻母音で「アン ɑ̃」，e は開で「ゥ」，che は「シュ」．

④ rhétorique：レトリック [retɔrik]
　　rhé は h をとった ré と同じ，語末の e は開で「ゥ」，que は「ク」．

⑤ orthographe：オルトグラフ [ɔrtɔɡraf]
　　tho は to と同じ，e は開で「ゥ」，phe は「フ」．

⑥ chien：シアン [ʃjɛ̃]
　　ch は「シャ行音」だから chi は「シ」，ien の i は半母音．

⑦ philosophe：フィロゾフ [filɔzɔf]
　　phi，phe（開）はそれぞれ「フィ」「フ」，oso の s は濁る．

⑧ magnifique：マニフィク [maɲifik]
　　gn は「ニャ行音」で gni は「ニ」，e は開で que は「ク」．

⑨ cathédrale：カテドラル [katedral]
　　thé は té と同じ，語末の e は開で「ゥ」．

⑩ ignorer：イニョレ [iɲɔre]
　　gn は「ニャ行音」で gno は「ニョ」，語末の er は「エ」．

31

今度こそ，休憩？

## 1. r の読みかた

　前回の「休憩？」では r の「発音」の説明をしましたが，今回は「読みかた」の説明です．というのは，r が母音字の後にくる場合，初心者はよく英語の読みかたと混同するからです．このような場合，英語では r は直前の母音を長音化する記号のようになります．ところがフランス語の r は，**「語末以外では必ず読みます」**し，読む場合には**「ル以外の音にはならない」**のです．初心者がよく間違える単語を英語と比較してみましょう．

　　仏　**architecture** ………… アルシテクチュール [arʃitɛktyr]

　　英　**architecture** ………… アーキテクチャー [áːrkitèktʃər]

　　仏　**personne** …………… ペルソヌ [pɛrsɔn]

　　英　**person** ……………… パースン [páːrsn]

　　仏　**professeur** ………… プロフェッスール [prɔfesœr]

　　英　**professor** …………… プロフェッサー [prəfésər]

　　仏　**journaliste** ………… ジュルナリスト [ʒurnalist]

　　英　**journalist** …………… ジャーナリスト [dʒɔ́ːrnəlist]

　　仏　**organisation** ……… オルガニザスィオン [ɔrganizasjɔ̃]

　　英　**organization** ……… オーガニゼィション [ɔ̀ːrgənizéiʃən]

professeur の r は，「er 以外の語末の r」なので読みます．とにかく，

フランス語の r は「**ルと読むか，まったく読まないか**」のどちらか
なのです．

## 2.「**ク**」と読む ch

複子音字の説明の項では，あまり例をあげられませんでしたので，
ここでいくつかあげておきます．

1）後に子音字が続く場合は，必ず「**ク**」と読みます．

    chronomètre … クロノメトル [krɔnɔmɛtr]

    technique …… テクニック [tɛknik]

2）母音字の前でも，「**ク**」と読むことがあります．

    chœur ………… クール [kœr]

    archaïque ……… アルカイック [arkaik]

## 3.'（アポストロフ）でつながれた単語の読みかた

綴り字記号の項で説明したように，アポストロフには，語末の母
音字を省略して後ろの単語と結びつける機能があります．この場合，'
を無視してひとつの単語として読みます．

    jusqu'à ………… ジュスカ [ʒyska]

    aujourd'hui …… オージュールデュイ [oʒurdɥi]

aujourd' hui は，'h を無視して aujourdui のつもりで読みます．「今
日」という意味の単語ですが，語源は「au jour de hui（今日という
日に）」で，4つの単語がひとつになったものです．

# ⑦ c の読みかた

| | |
|---|---|
| ca | カ |
| ça | サ |
| | |
| cu | キュ |
| çu | スュ |
| | |
| co | コ |
| ço | ソ |
| | |
| ce (cé) | ス (セ) |
| | |
| ci, cy | スィ |
| | |
| c (＋子音字) | ク |

33  **c の読みかた：解説**

　c という文字は, 後ろの母音字の種類によって読みかたが変わります.「c＋a, o, u」の場合は「カ行音」で読み,「c＋e, i」の場合は「サ行音」で読みます. 後続母音を日本語の母音の順序に並べると, カ行音とサ行音が交互に現れることになり, 覚えるのに便利です. y も加えて表にしてみます.

| カ行 | ca カ | | cu キュ | | co コ |
|---|---|---|---|---|---|
| サ行 | | ci/cy スィ | | cé セ | |

　c の読みかたは,「カ, スィ, キュ, セ, コ」と覚えればよいことになります.

　ところが, c を「a, o, u」の前でもサ行音で読ませようとする単語もあります. そのようなときは, c の下にセディーユをつけて ç にして, サ行音に変えます. つまりセディーユは, 本来はカ行音の c をサ行音に変換する役割を果たしているのです. 上の表に ç を加えると, 次のようになります.

| カ行 | ca カ | | cu キュ | | co コ |
|---|---|---|---|---|---|
| サ行 | ça サ | ci/cy スィ | çu スュ | cé セ | ço ソ |

また,「c＋子音字」の c は「ク」[k] です.

　cri クリ [kri]

## 1. c + a, o, u （カ行音）

caractère ...... カラクテール [karaktɛr]

caisse ......... ケッス [kɛs] （ai がエのため，cai でケ）

encore ......... アンコール [ɑ̃kɔr]

couteau ...... クートー [kuto] （ou がウのため，cou でク）

cuisine ......... キュイズィーヌ [kɥizin] （ui の u は半母音）

## 2. ç + a, o, u （サ行音）

ça ............... サ [sa]

français......... フランセ [frɑ̃se] （ai がエのため，çai でセ）

François ...... フランソワ [frɑ̃swa] （oi の o は半母音）

garçon ......... ガルソン [garsɔ̃] （on は鼻母音）

reçu* ............ ルスュ [r(ə)sy] （re は開音節）

## 3. c + e, i/y （サ行音）

France ......... フランス [frɑ̃s]

morceau ...... モルソー [mɔrso] （eau がオのため，ceau でソ）

ceci* ......... ススィ [səsi] （ce は開音節）

cycle ............ スィクル [sikl]

cymbale ...... サンバル [sɛ̃bal] （ym は鼻母音）

---

\* reçu, ceci の e は「**ウ**」と読みます．「**子音字がひとつのときはその前で音節を切る**」からです．re-çu, ce-ci となり，開音節です．

# ⑧　g の読みかた

| | | |
|---|---|---|
| ga | ……………… | ガ |
| gea | ……………… | ジャ |
| | | |
| gu | ……………… | ギュ |
| geu | ……………… | ジュ |
| | | |
| go | ……………… | ゴ |
| geo | ……………… | ジョ |
| | | |
| gé (ge) | ……………… | ジェ（ジュ） |
| gué (gue) | ……………… | ゲ（グ） |
| | | |
| gi, gy | ……………… | ジ |
| gui, guy | ……………… | ギ |
| | | |
| g （＋子音字） | ……… | グ |

35 　　　　　　**g の読みかた：解説**　　

　g という文字も c と同様に，後ろの母音字の種類によって読みかたが
変わります．「g + a, o, u」の場合は「ガ行音」で読み，「g + e, i」の
場合は「ジャ行音」で読みます．この場合も，日本語の母音の順序に
並べると，ガ行音とジャ行音が交互に現れることになります．y も加え
て表にしてみます．

| ガ行 | ga ガ | | gu ギュ | | go ゴ |
|---|---|---|---|---|---|
| ジャ行 | | gi/gy ジ | | gé ジェ | |

　g の読みかたは，「ガ，ジ，ギュ，ジェ，ゴ」になります．
　g の場合には，「ガ行からジャ行」と「ジャ行からガ行」の両方の変
換が可能です．ガ行からジャ行にするには，g と「a, u, o」の間に「e」
を入れ，ジャ行からガ行にするには，g と「e, i/y」の間に「u」を入れ
ます．**これらの e, u は，こうした変換を表す記号ですから読みません．**
上の表にこれを加えると，次のようになります．

| ガ行 | ga ガ | gui/guy ギ | gu ギュ | gué ゲ | go ゴ |
|---|---|---|---|---|---|
| ジャ行 | gea ジャ | gi/gy ジ | geu ジュ | gé ジェ | geo ジョ |

　また，「**g + 子音字**」の g は「**グ**」[g] です．
　　**gris**　グリ [gri]

36

## 1. g + a, o, u（ガ行音）

magasin ...... マガザン [magazɛ̃]

gaine ......... ゲーヌ [gɛn]（ai がエのため，gai でゲ）

gauche ......... ゴーシュ [goʃ]（au がオのため，gau でゴ）

argot ......... アルゴ [argo]

goût ............ グー [gu]（oû がウのため，goû でグ）

aigu ............ エギュ [egy]

## 2. ge + a, o, u（ジャ行音）

mangeable ... マンジャーブル [mɑ̃ʒabl]

pigeon ......... ピジョン [piʒɔ̃]（on は鼻母音）

gageure* ...... ガジュール [gaʒyr]

* これは ge + u [ ユ y] であり，g + eu [ ウ œ] ではありません.

## 3. g + e, i/y（ジャ行音）

manger......... マンジェ [mɑ̃ʒe]（er はエ）

gilet ............ ジレ [ʒile]

Egypte ......... エジプト [eʒipt]

## 4. gu + e, i/y（ガ行音）

langue ......... ラング [lɑ̃g]

guitare ......... ギタール [gitar]

Guy ............ ギー [gi]

37  **c と g についての注意**

## 1. 覚えかた

　c と g の読みかたを,「カ, スィ, キュ, セ, コ」,「ガ, ジ, ギュ, ジェ, ゴ」と書きました. しかしこれは「a, i, u, e, o」という「文字」を覚えるためのもので,「音」とずれることがあります. たとえば ai は, 音はエでも文字は a で始まるので, cai, gai はそれぞれ「ケ（カ行音）」,「ゲ（ガ行音）」と読みます.

　また, それぞれの母音字にアクサンがついても, カ行音／サ行音, ジャ行音／ガ行音の区別は変わりません.

## 2. 派生語の音の維持

　カ行音からサ行音へ, ガ行音からジャ行音へと, 同じ文字の読みかたを変換するのは, 多くは単語の派生関係を明確にしておくためです. 次の例を見てください.

> France ............. français （形容詞形）［cai ならケ］
> recevoir ........... reçu （過去分詞形）［cu ならキュ］
> commencer ..... nous commençons（1人称複数活用形）［co ならコ］
> manger ............ nous mangeons（1人称複数活用形）［go ならゴ］
> manger ............ mangeant（現在分詞形）［ga ならガ］

　これらの例では,「c → ç」「g → ge」という変換を行わなければ, 後続母音字の変化によって c, g の音が変わり, 派生関係がわかりにくくなります.

64

38

　また,「g」という文字を「e, i/y」と組み合わせてガ行で発音でき
るようにするには, gue, gui/guy と綴る以外にありません. ですか
らこれは, なくてはならない綴りなのです.

### 3. g の発音 [g]

　この音は,日本語の「ング」のような鼻音になることはありません.
日本語の「ング」は, 英語の singer [síŋər] の [ŋ] にあたりますが,
フランス語にはこの音はないのです.

　フランスで, 花粉症の薬を買うつもりで薬局に行きました. 薬の
名前は Alerga でした(綴りはうろ覚えですが, [ga] の音で終わるこ
とは確かです). ところが, 何度発音しても正しく聞き取ってもらえ
ません. 相手の女性はそのたびに,「アレルガン」かと聞き返すのです.
何とか目指す薬を注文して, 店を出てから理由に気づきました. 語
末の「ガ ga」を鼻音の「ンガ ŋa」で発音していたのです. フランス
語では [g] が鼻音になることはないので, 相手には [g] の後ろに鼻母
音がついているように聞こえた, というわけです. こうして「ンガ
ŋa」が「ガン gã」になってしまったのです. **「[g] は鼻から息を抜か
ずに発音するのがコツ」**ということを, そのとき覚えました.

# 39

# 練習問題 ⑥

次の単語の読みかたをカタカナで書いてください.

① location　　　⑥ ambigu

② engager　　　⑦ guignol

③ calcul　　　　⑧ registre

④ vengeance　　⑨ cigogne

⑤ conçoit　　　⑩ Georges

---

**✿ ヒント ✿**

基本は「カ, スィ, キュ, セ, コ」,「ガ, ジ, ギュ, ジェ, ゴ」でした.
でも, 変換にも気をつけて：④, ⑤, ⑦, ⑩.

---

**解答** （略号：開＝開音節，閉＝閉音節. 太字に注意.）

① location：ロカスィオン [lɔkasjɔ̃]
「c＋a」はカ行音，tion は「スィオン」.

② engager：アンガジェ [ɑ̃gaʒe]
「g＋a」はガ行音，「g＋e」はジャ行音，er は閉でエ.

③ calcul：カルキュル [kalkyl]
「c＋a, u」はカ行音，語末の l は読む.

④ vengeance：ヴァンジャンス [vɑ̃ʒɑ̃s]
「ge＋a」はジャ行音，「c＋e」はサ行音，語末の ce は開.

⑤ conçoit：コンソワ [kɔ̃swa]（concevoir の 3 人称単数活用形）
「c＋o」はカ行音，「ç＋o」はサ行音.

⑥ ambigu：アンビギュ [ɑ̃bigy]
am は「アン ɑ̃」，「g＋u」はガ行音.

⑦ guignol：ギニョル [giɲɔl]
「gu＋i」はガ行音，gn はニャ行音，語末の l は読む.

⑧ registre：ルジストル [rəʒistr]
「g＋i」はジャ行音，語末 tre は開. 語頭の re は，「母音＋1 子音字」の場合は子音字の前で音節を切るので，開音節.

⑨ cigogne：スィゴーニュ [sigɔɲ]
「c＋i」はサ行音，「g＋o」はガ行音，gne はニャ行音で開.

⑩ Georges：ジョルジュ [ʒɔrʒ]
「ge＋o」はジャ行音. 語末の es は，単音節語以外ではゥ.

## ⑨ cc と gg の読みかた

cca ─────────────── カ

ccu ─────────────── キュ

cco ─────────────── コ

cci, ccy ───────────── クスィ

ccé ──────────────── クセ

cc（＋子音字）─────── ク

ggé ──────────────── グジェ

gg（＋子音字）─────── グ

40　　　　**cc の読みかた：解説**　　

　同じ子音字が 2 つ続く場合（二重子音字）は，原則としてひとつ分しか読みません．たとえば allemand は，「アルルマン」ではなく「アルマン」[almɑ̃] と読みます．しかし，この規則にも例外があります．cc と gg です．まず，cc の読みかたから説明しましょう．

　c の読みかたが，後ろの母音字の種類によって変わったように，cc も後続母音字の種類によって読みかたが変わります．後ろの母音字が「a, o, u」の場合には，原則どおり cc を「カ行音」の c ひとつとして読みます．しかし，cc の後ろが「e, i/y」の場合には，前の c をク [k] と読み，後ろの c をサ行音で読みます．つまり，「cc + e, i/y」の場合の cc は「**クス**」[ks] **と読む**わけです．これを表にまとめると，次のようになります．

| カ行 | cca カ | | ccu キュ | | cco コ |
|---|---|---|---|---|---|
| [ks] | | cci<br>ccy クスィ | | ccé クセ | |

　つまり，cc の読みかたは，「カ，クスィ，キュ，クセ，コ」となります．

　また，**cc の後に子音字が続く場合**は，つねに c ひとつ分として扱い，「**ク**」[k] **と発音**します．

41

### 1. cc + a, o, u （カ行音ひとつ分）

occasion …… オカズィオン [ɔkazjɔ̃]

accord ……… アコール [akɔr]

accoucher…… アクーシェ [akuʃe] （ou がウのため, ccou でク）

occupé ……… オキュペ [ɔkype]

### 2. cc + e, i/y （ク＋サ行音 [ks-]）

accent ……… アクサン [aksɑ̃]

accès ………… アクセ [aksɛ]

occident …… オクスィダン [ɔksidɑ̃]

### 3. cc ＋子音字 （ク [k]）

accrocher …… アクロシェ [akrɔʃe]

acclamer …… アクラメ [aklame]

▶ accueil 「アクーィユ」 [akœj]

この単語は, ccu を「キュ」[ky] ではなく「ク」[kœ] と読み, 例外です. 半母音 il(l) の説明（23 ページ）で触れたように, この ueil は euil の異体字のようなものです. この単語を正規の綴りで acceuil と綴ると,「アクスーィユ」と読まざるをえません. cce は「クス」と読むからです. そこで, cc をカ行音ひとつとして読ませるために, eu [œ] の異体字 ue を使って, 後続の母音字が u になるようにしたのです. この場合, ue は「ウ」[œ] です.

gg も cc と同様に, 後ろの母音字の種類によって読みかたが変わります が, 実例は多くありません. 理屈の上では,《「gg＋a, o, u」の場合は, 原則どおり gg を「ガ行音」の g ひとつとして読み,「gg＋e, i/y」の場合は, 前の g をグ [g], 後ろの g をジャ行音で読む》はずです. つまり, **「gg＋e, i/y」の場合の gg は「グジュ」[gʒ] と読む**ことになります.

| ガ行 | gga ガ | | ggu ギュ | | ggo ゴ |
|---|---|---|---|---|---|
| [gʒ] | | ggi<br>ggy　グジ | | ggé グジェ | |

　しかし実例はごく稀で,「gg＋e」ぐらいです. また, **gg の後に子音 字が続く場合は, つねに g ひとつ分として扱い,「グ」[g] と発音します.**

## 1. gg＋e （グジェ [gʒe]）

　　suggérer　……　スュグジェレ [sygʒere]

　　suggestion　…　スュグジェスティオン [sygʒestjɔ̃]

## 2. gg＋子音字 （グ [g]）

　　aggraver　……　アグラヴェ [agrave]

　　agglomérer　…　アグロメレ [aglɔmere]

## ⑩ sc の読みかた

| | |
|---|---|
| sca | スカ |
| scu | スキュ |
| sco | スコ |
| sci, scy | スィ |
| scé | セ |
| sc（＋子音字） | スク |

sc は二重子音字ではありませんが，この綴りも cc, gg と似た原則に従って読みます．ただし sc の場合には，cc, gg とは読みかたが逆になります．**後ろの母音字が「e, i/y」の場合は，sc を「サ行音」ひとつ分として読みます．**しかし，後ろの母音字が「a, o, u」の場合には，前の s をス [s] と読み，後ろの c をカ行音で読みます．つまり，**「sc + a, o, u」の場合は sc を「スク」[sk] と読む**わけです．これを表にまとめると，次のようになります．

| サ行 | | sci<br>scy スィ | | scé セ | |
|---|---|---|---|---|---|
| [sk] | sca スカ | | scu スキュ | | sco スコ |

　sc の読みかたは，「スカ，スィ，スキュ，セ，スコ」となるわけです．
　また，sc の後に子音字が続く場合は，sc はつねに「スク」[sk] と読みます．

　いくつか例をあげます．

**1. sc + a, o, u（ス＋カ行音 [sk-]）**

| | | |
|---|---|---|
| escargot | …… | エスカルゴ [εskargo] |
| discorde | …… | ディスコルド [diskɔrd] |
| discours | …… | ディスクール [diskur]（ou がウ，scou でスク） |
| masculin | …… | マスキュラン [maskylɛ̃] |

## 2. sc + e, i / y（サ行音ひとつ分）

descendre......　デサンドゥル [desɑ̃dr]（en は鼻母音でアン [ɑ̃]）

science .........　スィアンス [sjɑ̃s]（ien の i は半母音で [j]）

## 3. sc ＋子音字（スク [sk]）

discret .........　ディスクレ [diskrɛ]

esclave .........　エスクラヴ [ɛsklav]

▶ cc, gg, sc のまとめ

|  | 直後の文字 | | |
|---|---|---|---|
|  | a, o, u | 子音字 | e, i / y |
| cc | カ行音ひとつ分 [k] | ク [k] | ク [k] ＋サ行音 [ks] |
| gg | ガ行音ひとつ分 [g]* | グ [g] | グ [g] ＋ジャ行音 [gʒ] |
| sc | ス [s] ＋カ行音 [sk] | スク [sk] | サ行音ひとつ分 [s] |

＊実例はごく稀.

　これまでの説明を読むと，この3つの綴りはいかにも難しそうですが，実際は勘で読んでもだいたいは正しく読めます．あまり神経質になる必要はありません.

次の単語の読みかたをカタカナで書いてください.

① accaparer　　⑥ discussion

② accélérer　　⑦ occulte

③ acclimater　　⑧ scrupule

④ agglutiner　　⑨ escalope

⑤ accident　　⑩ conscience

**ヒント**

まず，勘で読んでみてください. 意外にあたるものです.

**解答** （略号：開＝開音節，閉＝閉音節．太字に注意．）

① accaparer：アカパレ [akapare]
cca で「カ」，語末の er は閉でエ，r は読まない．

② accélérer：アクセレレ [akselere]
ccé で「クセ」，語末の er は閉でエ．

③ acclimater：アクリマテ [aklimate]
cc ＋子音字の cc は「ク」，語末の er は閉でエ．

④ agglutiner：アグリュティネ [aglytine]
gg ＋子音字の gg は「グ」，u は「ユ」，語末の er は閉でエ．

⑤ accident：アクスィダン [aksidā]
cci で「クスィ」，en は「アン ā」，語末の er は閉でエ．

⑥ discussion：ディスキュスィオン [diskysjɔ̄]
scu で「スキュ」，ss は濁らない，ion の i は半母音．

⑦ occulte：オキュルトゥ [ɔkylt]
ccu は「キュ」，u は「ユ」，語末の e は開でゥ．

⑧ scrupule：スクリュピュル [skrypyl]
sc ＋子音字の sc は「スク」，u は「ユ」，語末の e は開でゥ．

⑨ escalope：エスカロプ [ɛskalɔp]
sca で「スカ」．es-ca-lo-pe となり，語頭の e は閉でエ，語末の e は開でゥ．

⑩ conscience：コンスィアンス [kɔ̄sjɑ̄s]
sci で「スィ」，ien の i は半母音，語末の e は開でゥ．

46

いいかげんに，休憩？

## 1. 母音字の直前・直後の e

　e はほかの母音字と組み合わされて，「ei, eau, eu, œu」という 4 つの複母音字を構成します．しかし，**「これ以外の場合で母音字の直前・直後にあるときは，無視する」**ことになっています．そのひとつのケースは，すでに出てきた「ge + a, o, u」です．この場合，母音字 a, o, u の直前にある e は，ガ行音をジャ行音に変換する記号にすぎず，読みませんでした．ここでは，それ以外の例をあげてみます．

> démocratie …… デモクラスィー [demɔkrasi]
> Jean …………… ジャン [ʒɑ̃]
> scie …………… スィー [si]（sc + i の sc はサ行音ひとつ分）
> dénuement …… デニュマン [denymɑ̃]
> ambiguë ……… アンビギュ [ɑ̃bigy]（e にトレマがあるため，
> 　　　　　　　　　gu から切り離されて，gu/ë になる．）

　このような e (ë) は読まないだけでなく，母音字でありながら音節を構成することもできず，まったく無視されてしまうのです．

## 2. 語末の es

　les, mes などの単音節語では，「閉音節ではエ」の規則どおりに「エ」と読みますが，2 音節以上の単語の語末の es は「ウ」と読みます．次のようなケースがあります．

78

1）e で終わる名詞・形容詞の複数形

フランス語では，名詞や形容詞に複数を表す s を加えても，発音は変わりません．ですから，livre の複数形 livres の読みかたも，単数形と同じ「リーヴル」[livr] です．このような場合に，「e は開音節ではウ，閉音節ではエ」という規則を機械的に適用すると，複数形の読みかたが「リーヴレ」になってしまいます．気をつけてください．

2）動詞の 2 人称単数の活用形

たとえば，「tu parles」の parles は「パルル」と読み，「パルレ」とは読みません．この読みかたは，-es で終わる 2 人称単数の活用形すべてに当てはまります．

3）固有名詞

いくつか例をあげておきます．

Georges ......... ジョルジュ [ʒɔrʒ]（人名）
Rennes ............ レンヌ [rɛn]（都市名）
Cannes ............ カンヌ [kan]（都市名）
Yvelines ......... イヴリーヌ [ivlin]（県名）

4）その他

nous sommes ... ヌーソム [nusɔm]（être の 1 人称複数）
vous êtes ......... ヴーゼットゥ [vuzɛt]（être の 2 人称複数）
vous faites ...... ヴーフェットゥ [vufɛt]（faire の 2 人称複数）

# ⑪ 音節

 ## 音節の切りかた（1）

　今までにも，音節の切りかたには少しずつ触れてきましたが，ここでまとめて説明します．まず，音節とはどのようなものか，もう一度確認しておきましょう．

　ひとつの単語は，母音字（または複母音字）ひとつを含む単位に分割することができ，この単位を音節といいます．母音字は単独で独立した音節になりますが，子音字だけでは音節を構成することはできません．母音字で終わる音節を「開音節」といい，子音字で終わる音節を「閉音節」といいます．

　これから，音節分けの規則を説明しますが，今までに出てきた事柄も多いので，復習も兼ねています．

1. 次のような文字の組み合わせは，途中で切れません．
   1）複母音字（ai, ei, au, eau, eu, œu, ou, oi）
   2）複子音字（ch, gn, ph, th, rh）
   3）半母音になる組み合わせ（i, u, ou ＋母音字，母音字＋ il(l)）
   4）gu ＋母音字，qu ＋母音字

2. 複母音字以外の連続する 2 母音字は，その間で切ります.

    poème      →    po-è-me  ポエム [pɔɛm]

    aéroport    →    a-é-ro-port  アエロポール [aerɔpɔr]

3. ただし，「母音字の直前・直後の e」は独立した音節を構成せず，発音もしません. 前後の母音字と一緒にしておきます.

    rougeâtre   →    rou-geâ-tre  ルージャートゥル [ruʒɑtr]

    soierie     →    soie-rie  ソワリ [swari]

4. 複子音字以外の連続する子音字は，その「子音字の数」に応じて，次のように切ります.

  1）**子音字がひとつのときはその前で切る.**

    animal      →    a-ni-mal  アニマル [animal]

    menuisier*  →    me-nui-sier  ムニュイズィエ [mənɥizje]

    * me は開音節でム，ui と ie は半母音だから間で切れません.

  2）**子音字が 2 つのときはその間で切る.**

    porte      →    por-te  ポルト [pɔrt]

    femelle*   →    fe-mel-le  フメル [fəmɛl]

    * e がエかウかはわかりますね. 開 − 閉 − 開で，ウ − エ − ウです.

  3）**子音字が 3 つのときは [2-1] に切る.**

    obstiné    →    obs-ti-né  オプスティネ [ɔpstine]

    constater  →    cons-ta-ter  コンスタテ [kɔ̃state]

連続する 2 つまたは 3 つの子音字を間で切るときには，例外があります．連続する 2 子音字はその間で切り，3 子音字は［2–1］に切るのが原則ですが，途中で切れない組み合わせの子音字が入っている場合は，原則どおりにいきません．そのような組み合わせに**複子音字**がありました．このほかに，**「子音字＋l, r」も途中で切れない組み合わせなのです．**l と r は直前の子音と結びつく性質を持っているので，間で切らないことになっています．

　まず，複子音字の場合から説明しましょう．

## 1．複子音字の扱い

### 1）母音字＋複子音字＋母音字

　母音字間の 2 つの子音字が複子音字の場合は，複子音字全体をひとつの子音字とみなして，子音字がひとつの場合と同様にその前で切ります．

　　signe　　　　→　si-gne　スィーニュ [siɲ]

### 2）母音字＋「子音字＋複子音字」＋母音字

　母音字間の 3 つの子音字のうち，後ろ 2 つが複子音字の場合は，［1–2］に切ります．複子音字全体をひとつの子音字とみなして，子音字が 2 つの場合の規則を適用するのです．

　　orphelin　　→　or-phe-lin　オルフラン [ɔrfəlɛ̃]

50

## 2. 子音字＋ l, r

### 1）l, r の直前の子音字は，l, r と同じ音節に入れる．

l と r は，直前の子音とつなげてひと息で発音するので，音節に
分けるときもつなげたままにしておきます．2 子音字が「子音字
＋ l, r」の場合には 2 子音字の前で切り，3 子音字の後ろの 2 つ
がこの組み合わせの場合には，〔1–2〕に切ることになります．上
記の複子音字の場合と同じ扱いです．

| | | |
|---|---|---|
| secret | → | se-cret　スクレ [səkre]（2 子音字） |
| oncle | → | on-cle　オンクル [ɔ̃kl]（3 子音字） |

secret の 2 子音字はその前で切り，oncle の 3 子音字は〔1–2〕で
切ります．secret は，9 ページで答えをお預けにしておいた単語で，
「スクレ」が正解です．

### 2）ただし，( l, n, r )＋( l, r ) の場合は，その間で切る．

これは 1) の例外規定です．l, r の前の子音字が「l, n, r」の場合
には，原則どおり 2 子音字の間で切ります．

| | | |
|---|---|---|
| terre | → | ter-re　テール [tɛr]（rr の発音は r ひとつ分） |
| perle | → | per-le　ペルル [pɛrl] |
| genre | → | gen-re　ジャンル [ʒɑ̃r] |

　音節の切りかたを知らなければ e の読みかたはわかりませんので，
規則をマスターしてください．また，行末にくる単語を途中で切る場
合にも，この規則に従って切ります．

# 練習問題 ⑧

次の単語を音節に分け，読みかたをカタカナで書いてください．

① repère            ⑥ nécessaire

② carrefour         ⑦ surprise

③ chercheur         ⑧ brouillard

④ directeur         ⑨ fabrique

⑤ influence         ⑩ établir

## ஃ❀ まとめ ❀ஃ

### 子音字の数による音節の区切りかた

1）子音字がひとつのときはその前で切る．　　a-ni-mal

2）子音字が2つのときはその間で切る．　　por-te

3）子音字が3つのときは［2–1］に切る．　　obs-tiné

＊l, r は直前の子音字と同じ音節に入れる．　se-cret, on-cle

＊(l, n, r)＋(l, r)の場合はその間で切る．　per-le, gen-re

＊複子音字は2つで1字分と考え，間で切らずに前で切る．

| 解答 | （略号：開＝開音節，閉＝閉音節．太字に注意.） |
|---|---|

① re-pè-re：ルペール [r(ə)pɛr]
第 1・第 3 音節の re は開でル.

② car-re-four：カルフール [karfur]
rr の 2 子音字は間で切る．re は開でル，語末の r は読む.

③ cher-cheur：シェルシュール [ʃɛrʃœr]
rch の ch は複子音字で切れないため，［1–2］に切る.

④ di-rec-teur：ディレクトゥール [dirɛktœr]
ct は間で切る．rec は閉で e はエ，eu はウ，語末の r は読む.

⑤ in-fluen-ce：アンフリュアンス [ɛ̃flyɑ̃s]
in は「アン ɛ̃」．fl は間で切らずに前で切る．uen の u（ユ）は半母音，
ce は開でス.

⑥ né-ces-sai-re：ネセセール [nesesɛr]
é はつねにエ，ces は閉でセ，ai はエ，re は開でル.

⑦ sur-pri-se：スュールプリーズ [syrpriz]
rpr の pr は間で切れないため，［1–2］に切る．s は濁る.

⑧ brouil-lard：ブルイヤール [brujar]
oui は半母音になる組み合わせで，切れない．語末の d は読まない.

⑨ fa-bri-que：ファブリック [fabrik]
br は間で切れないため，前で切る．que は開でク.

⑩ é-ta-blir：エタブリール [etablir]
é はつねにエ，bl は前で切る．ir 動詞で，語末の r は読む.

これが最後の，休憩？

## 1. 綴り字上の音節と発音上の音節

前ページの練習問題に，brouillard という語がありました．音節の切りかたは brouil-lard となっていますが，lard の l は読んでいません．これは，ill 全体で「ィーユ」と読むためです．このように，綴り字上の音節の切りかたが，読みかた（あるいは発音）の区切りと一致しない場合があります．「音節の切りかた」で扱ったのは綴り字上の音節で，文字を対象にしたものでした．発音上の音節を区切るには，発音記号に綴り字の場合と同じ規則を適用します．例をあげてみます．

| | | 〈綴り字の音節〉 | 〈発音の音節〉 | 〈読みかた〉 |
|---|---|---|---|---|
| 1) | allemand | al-le-mand<br>（3 音節） | [al-mɑ̃]<br>（2 音節） | アルマン |
| 2) | homme | hom-me<br>（2 音節） | [ɔm]<br>（1 音節） | オ（ン）ム |
| 3) | femelle | fe-mel-le<br>（3 音節） | [fə-mɛl]<br>（2 音節） | フメル |

綴りの上では 1 音節に数えられる 1) の le，2) の me，3) の le は，発音上はすべて独立した音節ではなくなります．これらの綴りに含まれている e が「脱落性の e」で，発音記号には現れないからです．

## 2. 二重子音字の読みかた

上記 3 つの単語すべてに入っている二重子音字（ll, mm）は，ひ

とつ分しか読みません．それでは，読まないのは前の文字でしょうか，後ろの文字でしょうか．読まないのだからどちらでもよさそうなものですが，ちょっと考えてみましょう．

　2) の homme ですが，発音記号を見ると [ɔm] であって，[ɔ̃m] ではありません．「om」は鼻母音ではないのです．するとこの場合，第 1 音節の hom という綴りを，ho と読んでいることになります．つまり，**「二重子音字は前の子音字を読まない」**のです．そのため，**「母音字＋ nn/mm」の場合にかぎって，このなかに含まれる「母音字＋ n/m」は鼻母音にならない**のです．たとえば，comment は「コンマン」ではなく，「コマン」[kɔmã] です．

　ただし，接頭語の en-/em- は例外で，鼻母音の「アン ã」になります．ennui は「アンニュイ」[ãnɥi], emmener は「アンムネ」[ãmne]と読みます．

　今度は 3) の femelle ですが，第 2 音節の mel という綴りに含まれる e を「エ」と読んでいます．つまりこの l は，読まないとはいっても，閉音節を構成する役割は立派にはたしているのですから，まったく無視されているわけではありません．

　例外もあります．femme という単語は「ファム」[fam] と読みます．規則どおりなら，fem-me の fem は「フェ」[fɛ] と読むはずだし，例外的に鼻母音になるなら「ファン」[fã] と読むはずです．fem を鼻母音としては発音せず，しかも e を「ア」[a] と読ませるのは，口腔母音 [ɛ] と鼻母音 [ã] の妥協の産物で，[ã] を非鼻母音化したのでしょう．しかし homme も femme も，実際にはやや鼻母音ぎみに「オンム」，「ファンム」と聞こえます．

フランス語の単語を読むために必要な規則は，すべて説明しました．これからは問題をたくさん解いて，規則を身につけてください．

 54

## 練習問題 ⑨

次の単語を音節に分け，読みかたをカタカナで書いてください．

① quotidien      ⑥ encyclopédie

② immédiat      ⑦ religieux

③ peinture      ⑧ parfaitement

④ gaulois      ⑨ remarquable

⑤ conception      ⑩ coquille

① quo-ti-dien：コティディアン [kɔtidjɛ̃]
　quo で「コ」，ien の i は半母音.

② im-mé-diat：イメディア [imedja]
　im の m（二重子音字の前の文字）は読まないので，im は鼻母音に
　ならず，「イ」と読む．ia の i は半母音.

③ pein-tu-re：パンテュール [pɛ̃tyr]
　ein は「アン ɛ̃」，u は「ユ」，re は開で「ル」.

④ gau-lois：ゴーロワ [golwa]
　au は「オ」，oi は「ォワ」.

⑤ con-cep-tion：コンセプスィオン [kɔ̃sɛpsjɔ̃]
　cep は閉で「セプ」，tion は「スィオン」.

⑥ en-cy-clo-pé-die：アンスィクロペディー [ãsiklɔpedi]
　en は「アン ã」，cy ＝ ci で「スィ」，die の e は無視する.

⑦ re-li-gieux：ルリジュー [r(ə)liʒjø]
　re は開で「ル」，ieu の i は半母音，語末の x は読まない.

⑧ par-fai-te-ment：パルフェットゥマン [parfɛtmã]
　ai は「エ」，te は開で「トゥ」，en は「アン ã」.

⑨ re-mar-qua-ble：ルマルカーブル [r(ə)markabl]
　re は開で「ル」，qua で「カ」，bl は間で切らない.

⑩ co-quil-le：コキーユ [kɔkij]
　qui で「キ」，ille 全体で「イーユ」.

# 練習問題 ⑩

次の単語を音節に分け，読みかたをカタカナで書いてください．

① hiérarchie      ⑥ plusieurs

② communauté      ⑦ différence

③ dignité      ⑧ muraille

④ personnage      ⑨ conjugaison

⑤ impressionnisme      ⑩ leçon

① hié-rar-chie：イエラルシー [jerarʃi]
ié の i は半母音，rch の ch は間で切らない．ie の e は無視．

② com-mu-nau-té：コミュノテ [kɔmynote]
com の m は読まないので，鼻母音ではない．au は「オ」．

③ di-gni-té：ディニテ [diɲite]
gn は「ニャ行音」．

④ per-son-na-ge：ペルソナージュ [pɛrsɔnaʒ]
per は閉で「ペル」，son の n は読まないので鼻母音ではない．g は
e の前では「ジャ行音」，ge は開で「ジュ」．

⑤ im-pres-sion-nis-me：アンプレッスィオニスム [ɛ̃presjɔnism]
im は「アン ɛ̃」，sion の n は読まないので鼻母音ではない．

⑥ plu-sieurs：プリュズィウール [plyzjœr]
plu の u は「ユ」，usi の s は濁る．ieu の i は半母音．

⑦ dif-fé-ren-ce：ディフェランス [diferɑ̃s]
dif の f は読まない．ren の en は「アン ɑ̃」，ce は開で「ス」．

⑧ mu-rail-le：ミュラーィユ [myraj]
aille 全体で「アーィユ」．

⑨ con-ju-gai-son：コンジュゲゾン [kɔ̃ʒygɛzɔ̃]
g は a の前では「ガ行音」，ai は「エ」，aiso の s は濁る．

⑩ le-çon：ルッソン [l(ə)sɔ̃]
le は開で「ル」，ç は「サ行音」．

次の単語を音節に分け，読みかたをカタカナで書いてください．

① contraignant        ⑥ impitoyable

② minuscule           ⑦ interprétation

③ spectateur          ⑧ moquette

④ gaillard             ⑨ boutique

⑤ vigoureux          ⑩ oreille

---

### ❀ 注 意 ❀

　**「母音字間の x と y は，前の音節に入れる」** のが原則です．たとえば，examen は ex-a-men，royal は roy-al と切ります．ただし，音節に切るのは e の読みかたを見つけるためですから，それ以外の箇所では神経質になる必要はありません．

---

**解 答** （略号：開＝開音節，閉＝閉音節）

① con-trai-gnant：コントゥレニャン [kɔ̃trɛɲɑ̃]
　ai は「エ」，gn は「ニャ行音」だから gna で「ニャ」.

② mi-nus-cu-le：ミニュスキュル [minyskyl]
　u は必ず「ユ」，le は開で「ル」.

③ spec-ta-teur：スペクタトゥール [spɛktatœr]
　spec は閉，c は子音字の前では「ク」，eu は「ウ」，語末の r は読む.

④ gail-lard：ガイヤール [gajar]
　aill 全体で「アーイュ」，r は「ル」，語末の d は読まない.

⑤ vi-gou-reux：ヴィグールー [vigurø]
　ou は「ウ」，eu は「ウ」，語末の x は読まない.

⑥ im-pi-toy-a-ble：アンピトワイヤーブル [ɛ̃pitwajabl]
　im は「アン ɛ̃」，oya＝oiia；oi は「オワ」，ia の i は半母音.

⑦ in-ter-pré-ta-tion：アンテルプレタスィオン [ɛ̃tɛrpretasjɔ̃]
　in は「アン ɛ̃」，ter は閉で「テル」，tion は「スィオン」.

⑧ mo-quet-te：モケットゥ [mɔkɛt]
　quet は閉で「ケ」（t は読まない），te は開で「トゥ」.

⑨ bou-ti-que：ブティック [butik]
　ou は「ウ」，que は開で「ク」.

⑩ o-reil-le：オレィュ [ɔrɛj]
　eill 全体で「エィユ」，語末の e は開で「ゥ」.

57

# 練習問題 ⑫

次の単語を音節に分け，読みかたをカタカナで書いてください.

① voisin                    ⑥ nettoyage

② guichet                   ⑦ façon

③ fenêtre                   ⑧ succession

④ obscur                    ⑨ question

⑤ fraîcheur                 ⑩ argument

（略号：開＝開音節，閉＝閉音節）

① voi-sin：ヴォワザン [vwazɛ̃]
　　oi は「ォワ」, isi の s は濁る. in は「アン ɛ̃」.

② gui-chet：ギッシェ [giʃɛ]
　　gu＋i の gu は「ガ行音」, ch は「シャ行音」, chet は閉で「シェ」.

③ fe-nê-tre：フネートゥル [f(ə)nɛtr]
　　fe は開で「フ」, tre は開で「トゥル」.

④ obs-cur：オプスキュール [ɔpskyr]
　　b は s の前で「プ」, 語末の r は読む.

⑤ fraî-cheur：フレッシュール [frɛʃœr]
　　aî は「エ」, ch は「シャ行音」, eu は「ウ」, 語末の r は読む.

⑥ net-toy-a-ge：ネトワイヤージュ [nɛtwajaʒ]
　　net は閉で「ネ」（t は読まない）, oya＝oiia；oi は「ォワ」, ia の i
　　は半母音, g は e の前では「ジャ行音」, ge は開で「ジュ」.

⑦ fa-çon：ファッソン [fasɔ̃]
　　ç は「サ行音」.

⑧ suc-ces-sion：スュクセッスィオン [syksesjɔ̃]
　　cc＋e の cc は「クス」[ks], ces は閉で「セ」. ss の前の s は読まない.

⑨ ques-tion：ケスティオン [kɛstjɔ̃]
　　ques は閉で「ケス」, stion は「スティオン」.

⑩ ar-gu-ment：アルギュマン [argymɑ̃]
　　gu は「ギュ」, ment は「マン」.

次の単語を音節に分け，読みかたをカタカナで書いてください．

① mythologie     ⑥ berceau

② gendre     ⑦ goûter

③ cauchemar     ⑧ industrie

④ soin     ⑨ ennemi

⑤ commençant     ⑩ guérilla

解答 （略号：開＝開音節，閉＝閉音節）

① my-tho-lo-gie：ミトロジー [mitɔlɔʒi]
　　my = mi，th は「タ行音」，gie の e は無視する．

② gen-dre：ジャンドゥル [ʒɑ̃dr]
　　g は e の前では「ジャ行音」，ndr の dr は間で切らない．

③ cau-che-mar：コーシュマール [koʃmɑr]
　　au は「オ」，ch は「シャ行音」，che は開で「シュ」．語末の r は読む．

④ soin：ソワン [swɛ̃]
　　oi は「ォワ」，oin で「ォワン」．

⑤ com-men-çant：コマンサン [kɔmɑ̃sɑ̃]
　　com の m は読まないので，鼻母音ではない．ç は「サ行音」．

⑥ ber-ceau：ベルソー [bɛrso]
　　ber は閉で「ベル」，c は e の前では「サ行音」，eau は「オ」．

⑦ goû-ter：グーテ [gute]
　　oû は「ウ」，ter は閉で「テ」，語末の r は読まない．

⑧ in-dus-trie：アンデュストゥリー [ɛ̃dystri]
　　in は「アン ɛ̃」，u は「ユ」，trie の e は無視する．

⑨ en-ne-mi：エヌミ [ɛn(ə)mi]
　　en は閉で「エ」（n は読まない）．ne は開で「ヌ」．

⑩ gué-ril-la：ゲリヤ [gerija]
　　gu＋é の gu は「ガ行音」，ill 全体で「イーユ」．

⑫　**動詞の発音の注意**

## 1.　3人称複数形活用語尾 -ent

　2人称単数の活用語尾 -es と同様に，この -ent も読みません．ただし，直前の文字が母音字か子音字かで多少違います．たとえば，(ils) voient は「ヴォワ」[vwa] と読み，-ent はまったく無視されています．しかし，(ils) parlent は「パルル」[parl] と読みますから，-ent 全体が「脱落性の e」のような役割をはたし，「ゥ [　]」として子音字 l の発音を支えています．

## 2.　例外：avoir の活用形に現れる eu, eû

　複母音字 eu は原則として「ウ」[œ], [ø] と読みますが，avoir の活用形にかぎって「ユ」[y] と読みます．過去分詞（**eu**）のほか，直説法単純過去・前過去，接続法半過去・大過去に現れます．

〈直説法単純過去〉

　　j'**eu**s, tu **eu**s, il **eu**t, nous **eû**mes, vous **eû**tes, ils **eu**rent

〈接続法半過去〉

　　j'**eu**sse, tu **eu**sses, il **eû**t, nous **eu**ssions, vous **eu**ssiez,
　　ils **eu**ssent

## 3.　例外：nous faisons

　複母音字 ai は原則として「エ」[ɛ] と読みますが，faire の直説法現在1人称複数の活用形 (nous) faisons は，「フゾン」[f(ə)zɔ̃] と読みます．また，直説法半過去の語幹は，直説法現在の nous の活用形

60

の語幹を使用しますから，faire の直説法半過去の語幹に含まれる fai
も，すべて「フ」[f(ə)] と読むことになります.

　je faisais（フゼ [f(ə)zɛ]），tu faisais, il faisait

　nous faisions, vous faisiez, ils faisaient

## 4. je prends / tu prends

　語末の子音字を読まないのは原則ですが，この場合は，語末の 2
子音字（ds）を読みません. 同じような例をあげておきます.

　je mets (mettre)　　　　　je rends (rendre)

　je perds (perdre)　　　　j'attends (attendre)

## 5. appeler

　語幹が人称により異なります.

　appell-　：j'appelle, tu appelles, il appelle, ils appellent

　appel-　：nous appelons, vous appelez

　音節に分けると，j'ap-**pel**-le / nous ap-**pe**-lons となり，第 2 音節は
je では閉音節で「ペ」[ɛ] と読み，nous では開音節で「プ」[p] と読
みます. もし j'appele ならば, 音節を ap-pe-le と切るため, 発音は「ア
プル」[ap(ə)l] になります. これでは強く発音できる母音が第 1 音節
の [a] だけになり，発音しにくいので，l を加えて e を「エ」[ɛ] と
読めるようにしたのです. nous と vous は, 語末にそれぞれ「オン」[ɔ̃],
「エ」[e] という母音があるので，第 2 音節の e が「エ」でなくても
発音には困りません.

　例外はどのような規則にもつきものです．使用頻度の高い単語を中心に，いくつか例をあげておきます．

### acquérir

　**cqu** 3 文字で「**ク**」[k] ひとつの音になります．「アケリール」[akerir] と読みます．

### album, maximum

　ラテン語系語尾 **um** は，「**オム**」[ɔm] と読みます．
「アルボム」[albɔm]，「マクスィモム」[maksimɔm] です．
**rhum** も同様に，「ロム」[rɔm] になります．

### aquarelle

　**qua** を「**クワ**」[kwa] と読み，「アクワレル」[akwarɛl] になります．同じような例として，a**qua**rium「アクワリオム」[akwarjɔm]（um はオム），é**qua**tion「エクワスィオン」[ekwasjɔ̃]，é**qua**teur「エクワトゥール」[ekwatœr] などがあります．（aqua- は「水」を表すラテン語源の接頭語．）

### aspect, distinct, respect, suspect

　語末の 2 子音字を読みません．
「アスペ」[aspɛ]，「ディスタン」[distɛ̃]，「レスペ」[rɛspɛ]，「スュスペ」[syspɛ] です．

62

asthme, isthme

th を読みません.「アスム」[asm],「イスム」[ism] です.

automne, condamner

m は読まず,「オトヌ」[ɔtɔn],「コンダネ」[kɔ̃dɑne] です.

bus, lis / lys, net, sens

語末の子音字を読みます.

「ビュス」[bys],「リス」[lis],「ネット」[nɛt],「サンス」[sɑ̃s] です.

but, mœurs

語末の子音字は,読んでも読まなくてもかまいません.

「ビュ (ットゥ)」[by(t)],「ムール (ス)」[mœr(s)] です.

compte, sculpter, sculpture, sept

p を読みません.

「コント」[kɔ̃t],「スキュルテ」[skylte],「スキュルテュール」
[skyltyr],「セット」[sɛt] です.

contact, correct, direct, exact

語末の 2 子音字を読みます.

「コンタクト」[kɔ̃takt],「コレクト」[kɔrɛkt],「ディレクト」[dirɛkt],
「エグザクト」[egzakt] です. ただし, exact は「エグザ」[egza]

63

と読むこともあります．

## diagnostic

gn を「ニャ行音」の複子音字としてでなく，切り離して別々に読みます．「ディアグノスティック」[djagnɔstik] です．

## enivrer

「アンニヴレ」[ɑ̃nivre] と読みます．音節分けの原則に従えば，e-ni-vrer となり，語頭の e は「ウ」としか読めないはずです．ところがこれは ivre の派生語で，en は接頭語のため，en-i-vrer と切ります．un enfant がリエゾンによって「アンナンファン」[œ̃nɑ̃fɑ̃] となり，鼻母音 [œ̃] の後に [n] の音が加わるように，[ɑ̃] と [i] の間に [n] が加わったのです．

## évidemment

femme の場合と同様に，e を「ア」と読み「エヴィダマン」[evidamɑ̃] になります．-emment で終わる副詞は，一般に「アマン」[amɑ̃] と読みます．ほかにも，différemment「ディフェラマン」[diferamɑ̃]，précédemment「プレセダマン」[presedamɑ̃]，violemment「ヴィオラマン」[vjɔlamɑ̃] などがあります．

## fils

l を読まず，s を読むので「フィス」[fis] になります．これは「息子」

64

という意味の名詞で，単複同形です．fil（糸）の複数形 fils も同じ
綴りになりますが，「フィル」[fil] と読みます．

## gaz

語末の z を読みます．「ガズ」[gaz] です．

## huit, six, dix

1) 名詞として単独で使われる場合は，語末の子音字を読みます．
   le huit, le six, le dix は，それぞれ「ユイットゥ」[ɥit]，「スィス」[sis]，
   「ディス」[dis] になります．

2) 名詞の前に置かれる形容詞の場合

   ① 名詞の語頭が子音字か有音の h ならば語末子音字は読まず，「ユ
   イ」[ɥi]，「スィ」[si]，「ディ」[di] になります．

   > huit personnes ...... ユイ・ペルソヌ [ɥipɛrson]
   > six héros ........... スィ・エロー [siero]
   > dix livres ........... ディ・リーヴル [dilivr]

   ② 名詞の語頭が母音字か無音の h ならば，語末の t, x を読んで，
   後続母音とリエゾンさせます．huit は「トゥ」[t] の音のまま
   リエゾンしますが，six, dix の x は「ズ」[z] の音でリエゾンし
   ます．

   > huit ans............... ユイッタン [ɥitɑ̃]

65

six oiseaux............ スィゾワゾー [sizwazo]

dix heures ........... ディズール [dizœr]

## linguistique

gui を「ギ」[gi] ではなく「ギュイ」[gɥi] と読むので,「ランギュ
イスティク」[lɛ̃gɥistik] になります. 同様に, linguiste も「ランギュ
イスト」[lɛ̃gɥist] ですが, langue は原則どおり「ラング」[lɑ̃g] で
す.

## moelle

「モエル」ではなく,「モワル」[mwal] と読みます. 派生語の
moelleux も「モワルー」[mwalø] と読みます. poêle「ポワル」[pwal]
も同じような例です.

## œuf / œufs と bœuf / bœufs

単数形では f を読み,「ウッフ」[œf],「ブッフ」[bœf] ですが, 複
数形では fs を読まず,「ウー」[ø],「ブー」[bø] となります.

un œuf … アンヌッフ [œ̃nœf]　　des œufs … デズー [dezø]

un bœuf… アン・ブッフ [œ̃bœf]　　des bœufs… デ・ブー [debø]

## oignon

「オニョン」[ɔɲɔ̃] と読みます.「オワニョン」ではありません.

66

**paon**

「パン」[pã] と読みます.「パオン」ではありません.

**res**sentir

「ルサンティール」[r(ə)sãtir] です. この場合, 閉音節の res を「ル」
と読んでいます. これは sentir に接頭語の re- を加えた単語ですが,
resentir とすると s が母音字に挟まれて濁り（ル**ザ**ンティール），
もとの単語と音が違ってしまいます. そこで, s をひとつ加えて無
声音の「ス」に戻したのです. 同じような例に, **ress**embler「ルサ
ンブレ」[r(ə)sãble], **ress**ource「ルスールス」[r(ə)surs], **ress**ortir「ル
ソルティール」[r(ə)sɔrtir] などがあります.

second, zin**c**

c を「グ」[g] と読みます.
「スゴン」[s(ə)gɔ̃],「ザング」[zɛ̃g] です.

**trans**（＋母音字）[trãz]

s を「ズ」[z] と読みます.
transaction「トランザクスィオン」[trãzaksjɔ̃], transit「トランズィッ
トゥ」[trãzit], transition「トランズィスィオン」[trãzisjɔ̃] など
があります.

⑭　リエゾン

　それぞれの単語を単独で読む場合の規則はすべて説明しましたが，フランス語では，文中にある単語をつなげて読むことがあります．「リエゾン liaison」や「アンシェーヌマン enchaînement」と呼ばれる現象です．まず，リエゾンから説明します．

　リエゾンとは，**通常は読まない語末の子音字を，次の語の語頭の母音字と続けて読む現象**です．

　　　des‿amis　→　**デザミ**

　s と a をつなげて, desamis のつもりで読みます．この例では s を濁って「ズ」と読んでいますが，これは母音に挟まれているからではなく，リエゾンの場合，s は必ず「ズ」と読みます．リエゾンのときに音が変わる子音字を，まとめておきます．

　　　— s　→　「**ズ**」[z]　　vous‿avez　ヴザヴェ [vuzave]
　　　— x　→　「**ズ**」[z]　　deux‿amis　ドゥーザミ [døzami]
　　　— d　→　「**トゥ**」[t]　　grand‿homme　グラントンム [grãtɔm]

　また，neuf（ヌッフ [nœf]）の語末の f は，ans と heures の前でのみ，「**ヴ**」[v] の音に変わります．

　　　neuf‿ans　　　ヌヴァン [nœvã]
　　　neuf‿heures　　ヌヴール [nœvœr]

　リエゾンは，しなければならない場合と，してはならない場合があ

🔊 68

ります. 主な規則をあげておきます.

## 1. リエゾンしなければならない場合

### 1) 主語代名詞＋動詞

　　ils‿ont　イルゾン [ilzɔ̃]

### 2) 目的語人称代名詞＋動詞

　　Je vous‿aime.　ジュヴゼム [ʒəvuzem]

### 3) 冠詞＋名詞

　　un‿enfant　アナンファン [œ̃nɑ̃fɑ̃]

　　des‿enfants　デザンファン [dezɑ̃fɑ̃]

### 4) 形容詞＋名詞

　　petit‿ami　プティタミ [p(ə)titami]

　　trois‿amis　トロワザミ [trwɑzami]

### 5) 前置詞＊＋名詞・代名詞

　　sans‿argent　サンザルジャン [sɑ̃zarʒɑ̃]

　　avant‿elle　アヴァンテル [ɑvɑ̃tɛl]

　　＊ただし, hors, vers など, リエゾンしない前置詞もあります.

## 2. リエゾンしてはならない場合

### 1) 主語になる普通名詞・固有名詞＋動詞

　　Ses parents / aiment les chats.　セパラン / エムレシャ
　　　　　　　　　　　　　　　　　　　[separɑ̃ / emleʃa]

Camus / est mort.　カミュ / エモール [kamy / ɛmɔr]

2）単数名詞＋形容詞

　　　mort / atroce　モール / アトロス [mɔr / atrɔs]

　　　（複数名詞＋形容詞は，リエゾンすることもあります．）

3）有音の h の前

　　　ces / héros　セ / エロー [se / ero]

4）接続詞 et の後

　　　gai et / actif　ゲエ / アクティフ [gɛe / aktif]

⑮　**アンシェーヌマン**

「アンシェーヌマン」も「リエゾン」と同様に，語末の子音を次の語の語頭の母音につなげて読む現象です．ただ，「アンシェーヌマン」の場合，**その子音がもともと発音されるものであること**が違うだけです．

cinq‿enfants　→　サンカンファン [sɛ̃kɑ̃fɑ̃]
elle‿est　　　→　エレ [ɛlɛ]
il‿a　　　　　→　イラ [ila]

2番目の例に注意してください．elle という単語は，綴りは母音字の e で終わっていますが，発音は [ɛl] であり，子音で終わっています．このように，綴りの上では「母音字」で終わっていても，発音は「子音」で終わる単語もあります．**「文字と音の違い」**に注意してください．アンシェーヌマンの場合，問題は文字ではなく「音」です．

アンシェーヌマンをするかしないかは，リエゾンの場合のように厳密な決まりがあるわけではありませんが，il‿a のような「主語代名詞＋動詞」の場合は必ず行います．また，有音の h の前では決して行いません．h の説明で，「無音の h」と「有音の h」の2種類があるといいました．これは形式上の区別なのですが，リエゾンとアンシェーヌマンにとっては重要な区別です．

**無音の h で始まる単語**

母音字で始まる単語と同様に扱い，リエゾンやアンシェーヌマン，および母音字省略を行う．

**有音の h で始まる単語**

子音字で始まるほかの単語と同様，リエゾンもアンシェーヌマンもせず，母音字省略も行わない．

ただし，「無音の h」と「有音の h」を見分ける方法はありませんので，辞書を引いて確かめてください．

リエゾンは，意味や文章構成の上で密接な関係にある単語同士（形容詞＋名詞，主語＋動詞など）の間で起こりますが，アンシェーヌマンにはそのような特徴はありません．リエゾンもアンシェーヌマンも，「子音＋母音」という単位を作り出して，文の発音を滑らかにする役割を持っています．

# 単語集

## 〈略号〉

男 男性名詞      疑 疑問詞
女 女性名詞      副 副詞
中 中性名詞      他 他動詞
固 固有名詞      自 自動詞
代 代名詞      前 前置詞
形 形容詞      接 接続詞

## A

117

# 文字索引

## A

## B

## C

## E

## F

# 事項索引

## ア行

## カ行

## サ行

## タ行

## ナ行

## ハ行

## ラ行

# ［新版］ フランス語の綴りの読みかた
## —正しい発音の出発点

［音声無料ダウンロード］

2023 年 9 月 12 日　初版1刷発行

| | |
|---|---|
| 著者 | 稲田　晴年 (いなだ　はるとし)<br>［静岡県立大学名誉教授］ |
| ナレーション | Jean-Claude Veyssière |
| DTP | dice |
| 挿絵 | 川田 美緒 |
| 印刷・製本 | 株式会社 丸井工文社 |
| 音声制作 | 株式会社 中録新社 |
| 発行 | 株式会社 駿河台出版社<br>〒 101-0062 東京都千代田区神田駿河台 3-7<br>TEL 03-3291-1676 / FAX 03-3291-1675<br>http://www.e-surugadai.com |
| 発行人 | 上野 名保子 |